DIE AUFSTEIGENDE GÖTTIN

VON ZINOVYA DUSHKOVA

Gleichnisse aus Shambhala

Das Mysterium Christi (Vorwort)

The Teaching of the Heart series

The Book of Secret Wisdom

The Secret Book of Dzyan

DIE AUFSTEIGENDE GÖTTIN

DIE UNERZÄHLTE SAGE VON DER LOTOSBLUME DER GLÜHENDEN LIEBE

ZINOVYA DUSHKOVA

AUS DEM RUSSISCHEN VON MARKUS MANELJUK

Radiant Books

Die russische Originalausgabe erschien 2008 unter dem Titel „Сказание о Лотосе Любви Огненной“ bei Isdatel’skij Dom Duschkowoj, Moskau.

Übersetzung aus dem Russischen: Markus Maneljuk
2021 von Radiant Books veröffentlicht,
einem Imprint der Dushkova Publishing LLC

ISBN 978-1-63994-007-3 (Taschenbuch)
ISBN 978-1-63994-006-6 (E-Book)

www.radiantbooks.org
www.dushkova.com/de

INHALT

• KAPITEL I •

• KAPITEL II •

• KAPITEL III •

• KAPITEL IV •

KAPITEL V

KAPITEL VI

Auf der Wasseroberfläche des Weltenalls
Entfaltete sich eine wunderschöne Knospe.
Sie leuchtete durch die Feuer,
Und ihre Blütenblätter breiteten sich aus
Durch den Einen Atem der Ewigkeit.
Die Blume der Liebe – die weiße Lotosblume
Der von Mir geliebten Lakshmi –
Leuchtete auf in ihrer ganzen himmlischen Herrlichkeit,
Die von nichts auf der großen weiten Welt
Übertroffen werden kann.

KAPITEL
I

1. Die Erweckung des Wassers

Die Frau betrat als Erste das Haus – das Haus des planetarischen Geistes. Sie sah sich um und fand es ziemlich beengt. Nötig war vor allem eines: die Erweiterung des Blickfeldes durch Ausdehnung der Rahmen, die es einschränkten. Das Tätigkeitsfeld war breit. Also machte die Frau sich mit einem einzigen Wunsch an die Arbeit: das Unmögliche möglich zu machen.

Die Wände waren standfest – es brauchte Zeit, um ihre Pfeiler ins Wanken zu bringen. So flossen Millionen und Abermillionen von Jahren dahin. Das Feste büßte seine groben Eigenschaften allmählich ein und wurde zwingend von feineren Formen abgelöst. Die Wände bröckelten ab und machten einen zunehmend baufälligen Eindruck. Selbst ein Stein altert – er zerfällt in einzelne Fasern und löst sich schließlich in Staub auf. So nimmt auch grobe Materie mit der Zeit eine feinere Struktur an: Sie verwandelt sich in weitmaschiges Gewebe und atmet dort hinter einem luftigen Schleier hervor, wo man sie zuvor in Form einer festen Trennwand errichtet hat.

In der Schwäche der Frau liegt ihre Kraft; wie ein Wassertropfen höhlt sie den Stein und fällt einer zarten Träne gleich in grobe, teilnahmslos-kalte Arme. Sie fügt sich selbst Schaden zu, indem sie die scharfen Kanten berührt, von eisiger Finsternis umgeben abkühlt und sich schließlich in einen Eisblock verwandelt. Wer schenkt dem frierenden Geschöpf Wärme, lässt die Eisscholle durch den glühenden Atem seines liebenden Herzens schmelzen und nippt an dem Tautropfen, nachdem er ihn in zärtlichen Handflächen aufgewärmt hat?! Woher soll die Welt Wärme nehmen, wenn sie nicht selbst von einer Frau gewärmt wird? Stein kann sich nur dann erhitzen, wenn er die Wärme der Sonnenstrahlen aufnimmt. Und was kann ein kaltes Wesen schon geben? Kälte, sonst nichts.

So ist das Eine geboren, um wie die Sonne Wärme zu schenken, das Andere, um die glühenden Gaben in sich aufzunehmen. Und die Wärme des Letzteren wird davon abhängen, wie tief es von den Feuern durchdrungen wird. Wie leicht kann man sich beim Berühren eines oberflächlich erhitzten Gegenstandes täuschen, der furchtbare Eiseskälte in seinem Inneren birgt! Kaum ist die Sonne unter dem Horizont versunken, tritt sofort Abkühlung ein. Dann wird es schwierig, sich aus dem Netz der kalten Finsternis zu befreien.

Finden Sie eine Frau, die zum Tragen des Lichts berufen ist, das der erkalteten Seele Wärme schenkt. Lassen Sie es nicht zu, dass ihr Feuer durch das Berühren eines kalten Steins erlischt, sondern seien Sie sorgsamer Hüter des Feuers, das die große Mutter des kosmischen Wassers in ihrer Brust entzündet hat. Jede Frau ist eine winzige Zelle dieses unsterblichen Wesens, doch während die eine Zelle gesund ist, ist eine andere womöglich krank. Die zur Heilung der Welt Eingetroffene ist häufig selbst auf heilende Ströme angewiesen, die nur derjenige, der ihr zum ewigen Begleiter bestimmt wurde, durch sein Herz ausschütten kann – der Mann. Der himmlische Vater bringt Söhne hervor und weist sie an, die Rolle der Väter zu übernehmen. Und die große Mutter bringt künftige Mütter zur Welt und bereitet ihre Töchter lange im Voraus auf ihre Mutterschaft vor. Wie wollen Sie den Einen erkennen, der für Sie stets der Eine war und sein wird, wenn die Erinnerung an ihn tief im Herzen verborgen liegt?! Wer sich dem eigenen Herzen widersetzt, widersetzt sich dem Willen des Schöpfers, der folgendes Gebot erlassen hat: Finden Sie die Frau auf der Welt, deren kaum spürbare Berührung die Göttliche Flamme entfacht, die als kleiner Funke in der Brust des Mannes glimmt.

Lass Du, Gott, alle Glück finden! Doch wie soll man ohne die geliebte Frau an seiner Seite glücklich werden? Und wie soll man die Wärme des Herzens auf der Suche nach dem Richtigen nicht verschütten? Der Mensch wendet sich zum Himmel und ruft nach Gerechtigkeit: Der Sohn sucht Schutz bei der Mutter, während die Tochter den Vater bittet, Er möge ihr menschliches Glück auf die Erde herabsenden. Und die stummen Himmel öffnen die Lippen und bringen ein einziges Wort hervor: „Liebt!" Wie sehr dürstet es den Menschen danach zu lieben! Doch irgendetwas hindert ihn ständig daran. Sein Urteil beruht auf Äußerlichkeiten; kaum hat er die trügerische Wärme zu fassen bekommen, verliert er sofort das Interesse, da er auf entfremdende Kälte gestoßen ist. Er irrt sich einmal, dann noch einmal, und schließlich verliert der Mensch den Glauben an sein vorherbestimmtes Glück und wählt den Pfad der bitteren Einsamkeit als sein Schicksal. Wie soll der auf die Freude zugehen, der sich abgewandt hat vom Licht der weiter vorne leuchtenden Hoffnung, wenn in der entgegengesetzten Richtung nichts als Unglück wartet? Zwei entgegengesetzte Pole existieren auf der Welt: Feuer und Wasser, Mann und Frau, Glück und Unglück. Im Wissen, dass man nicht vor sich selbst weglaufen kann, kann man nur in eine Richtung gehen. Ohne

Tag gibt es keine Nacht, das Licht wird von der Dunkelheit vertrieben. In allem lassen sich zwei Seiten ein und derselben Erscheinung erkennen. Und so sollte man auch das Unglück als Gegenpol des vorherbestimmten Glücks betrachten.

Eine Heldentat ist es, dem menschlichen Herzen zu dienen, entspricht dies doch dem Weg des Wassers, das nach allen Seiten spritzt, wenn es in seinem Fluss felsige Stromschnellen passiert. Und dennoch büßt das Wasser seinen Aufpralldruck nicht ein, wenn es die unbewegliche Masse poliert, mit seiner zärtlichen Kraft Oberhand über die grobe Form gewinnt und so lange meißelt, bis alle sich widersetzenden Teilchen dahinschmelzen und in einer einzigen Bewegung abfließen. Die Geschwindigkeit des Wassers nimmt zu, und je ausgeprägter die sich ihm entgegenstellende Kraft ist, umso kraftvoller tost es und beschleunigt so den Verwandlungsprozess des Wesens, das sich sich selbst widersetzt. Jedes Wesen besteht unter anderem aus Wasserteilchen, die mehr oder weniger deutlich zutage treten. Und wie soll man einen elementaren Bestandteil seiner selbst abstoßen? Blut basiert nicht auf Wasser, trägt aber dennoch dessen Struktur in sich. Auch dein Blutstropfen ist eine Tochter der großen Mutter des Wassers. Nimmt man ihn dir, so nimmt man dir das Leben. Genauso wenig darf man der Frau den Atem nehmen, wenn sie allein durch ihren Geliebten atmet und sein versteinertes Herz mit den reinen Strömen ihrer Tränen umspült, um sein Gegenfeuer zu erwecken.

Wie beengt ist die Welt ohne Liebe! Wie sehr schmerzen die Fesseln, die die geistigen Flügel einer freien Frau einschnüren! Sie ist gekommen, um ihren Geliebten zu finden. Sie fühlt sich beengt im Käfig und sehnt sich nach Freiheit, denn sie ist sich der großen Bedeutung ihres Weges bewusst. Sie ist mit der Mission der kosmischen

Liebe betraut. Sie ist die Trägerin des ewigen Lichts. Und ihr wurde von der großen Mutter das Recht gegeben, den Mann anzuführen. Das Feuer entfachende Wasser ist das Symbol der Epoche der Mutter dieser Welt. Die Frau ist ein voller Kelch, an dem allein der Mann nippen darf, bei dessen Berührung dieses Kelches ein helles Feuer entflammt. Und die, die das Feuer im Kelch nährt, ohne seinen Inhalt zu verschütten, bringt der Welt das geheiligte Feuer des Geistes Zarathustras!

2. Ein Tautropfen

Ein kleiner Tropfen unsichtbarer himmlischer Feuchtigkeit fällt auf die Erde und nimmt sichtbare Form an. Er ist in der Lage, sowohl Irdisches als auch Himmlisches in sich widerzuspiegeln. Zwei Welten werden in einem einzigen Brennpunkt reflektiert. So leuchtet zum Zeitpunkt des Sonnenaufgangs auch eine winzige Sonne in dem kleinen Tautropfen auf, was die Illusion einer in seinem Inneren erschaffenen Mikrowelt mit eigenem Himmel, eigener Erde und eigenem Himmelskörper darüber erzeugt. Das winzige Tröpfchen himmlischer Feuchtigkeit fällt als Tautropfen auf die Erde und trägt einen einfachen Namen: Frau.

Sie tritt ihre Reise an, kleidet sich in feste Materie und wird zu deren Symbol. Von der Mutter der Materie geboren, repräsentiert sie auch selbst sämtliche Aspekte der Mutterschaft. In anderen Welten werden Sie keine Frau mit derselben Form und Struktur wie auf der Erde finden. Sie ist ein einzigartiges Geschöpf, der reine und in unnachahmlicher Form emporsteigende Traum des Schöpfers. Vom Atem des Geistes geboren, trägt die Mutter die Eigenschaften des geheiligten Feuers in sich und gibt sie an ihre Töchter weiter. So erblicken Sie schließlich eine Frau, die wie ein Brillant aus reinem Wasser leuchtet, an dessen Rändern sich das zauberhafte Spiel der Feuer beobachten lässt.

Das zarte Tautröpfchen ist ein zerbrechliches Geschöpf, das in jedem beliebigen Moment verschwinden kann. Es bleibt nicht in der Hand, wenn man sie fest zur Faust formt. Es strebt immer in die Richtung, aus der die Wärme strömt. Und obwohl es nach dem Kontakt mit Wärme seine Form einbüßt, wird das Tautröpfchen immer nur vom Feuer angezogen. Für das Glück, sich diesem zu nähern, gibt es freudig seine volle Gestalt in Form eines runden Tropfens auf. Wie soll man ohne Wärme leben und nicht der Flamme in die Arme fallen wollen, wenn man selbst von dieser gezeugt wurde!? Das Feuer ist der Magnet, dem kein einziges Tröpfchen irdischer Feuchtigkeit widerstehen kann. Und welchen Sinn würde es machen, dies dem Tautröpfchen vorzuwerfen – einer zerbrechlichen Frau, die sich mit allen Fasern ihres Seins nach der Wärme ausstreckt! Sie kann nicht wider ihre Göttliche Natur laufen und sich vom Feuer abwenden, welches den Geist symbolisiert, der sich in der Gestalt eines einfachen Mannes offenbart.

Wissen Sie, wie weit der Weg ist, den eine Frau durchlaufen muss, bevor sie das Herz eines Mannes erreicht? Milliarden Jahre können dabei vergehen. Während das Tröpfchen himmlischen Wassers Fleisch und Blut erlangt, wartet es lange auf die Erlaubnis des geheiligten Feuers, den Geist in feste Kleidung zu hüllen, welche die höchste Heiligkeit auszudrücken vermag. Doch die schwere Rüstung, die auf der Brust des Mannes lastet, liegt allzu eng an. Dieser Enge wegen kann das tapfere Herz nicht tief einatmen und die himmlischen Feuer in aller Pracht offenbaren. Und wie sollte der Mann den stummen Ruf der

Frau vernehmen, wo er sich doch völlig verschlossen hat? Er hat sich in sich selbst zurückgezogen, ist verroht und hat die Grobheit zur Verhaltensnorm erhoben in Sphären, die aus fester Materie gewoben sind. Nachdem er seine ungezügelte Kraft gekostet hatte, machte der Mann sich daran, alles zu zerstören mit dem Ziel, die in ihm verborgene Macht zu demonstrieren. Und mit jedem Faustschlag versteinerte in erster Linie sein eigenes Herz. So wuchsen die steinernen Riesen heran, die man bis heute in ihrem versteinerten Zustand sehen kann. Und wie soll man dort zum Herzen vordringen, wo man nichts als tote Brocken erblickt?! Wie jämmerlich und beschwerlich ist doch der Weg der Frau!

Die Zärtlichkeit selbst ist der Morgentau. Weshalb bist du so tief gefallen und hast das Los gewählt, aus den hohen Himmeln zu fallen und dich mit Staub und Dreck zu vermengen?! Dein Leben hängt an einem seidenen Faden, und du kannst jederzeit vom schwerwiegenden Tritt eines tauben Riesen zerdrückt werden, der mit der Selbstsicherheit eines Hausherrn durch die Welt schreitet. Lass es nicht zu, dass man dich erniedrigt und durch den Dreck zieht, denn du bist das Symbol der Reinheit, oh weise Frau! Dir wurden die Schlüssel zum Glück anvertraut, die im Herzen des Mannes liegen. Er kann nicht ohne dich leben, solltest du zugrunde gehen; gleichwohl kann er nicht sehen, wie du ohne das Feuer der Herzlichkeit, das vom dich liebenden Manne ausgeht, nach und nach erlischst. Du hast nicht das Recht fortzugehen, ohne menschliches Glück erfahren zu haben, denn für dich ist der Weg der Liebe vorgezeichnet. Doch statt überirdischer Freude hast du den Kelch mit leidvollem Kummer gefüllt und biegst dich unter seiner unglaublichen Last. Du gehst nicht fort und lässt den Mann nicht fallen, ansonsten erstarrt er und wird für Milliarden Jahre zu Stein.

Vollbringe eine Heldentat in deinem Leben, oh von Gott geliebte Frau!

Eine wahrhaftige Frau gibt sich im Dienst am Manne selbst auf. Sie ist dazu berufen, das in der Tiefe des stummen Herzens schlafende Feuer zu erwecken. Das vermag sie jedoch nur dann, wenn sie die Schösslinge ihrer eigenen Flamme zum Leben erweckt, andernfalls lässt sich nur mit Mühe ein Funken im Stein entfachen. Die Liebe kann Wunder vollbringen. Sie ist die höchste Göttliche Flamme, die in jeder Brust brennen muss. Und der Frau ist es befohlen, Hüterin des Feuers an den irdischen Feuerstätten zu sein. Sie muss die Flamme mit Nahrung versorgen, und davon, wie reichlich diese ausfällt, hängt die ringsum verströmte Wärme ab, die schlussendlich Dutzende frierender Seelen aufzuwärmen vermag. Die Frau ist gekommen, um zu geben; daher sucht sie ein Objekt zur Anwendung ihrer Wärme, und wenn sie es nicht findet, kann sie sich verschließen und wird so dem Mann zusehends ähnlich. Doch wer soll die Schösslinge der Flamme in der Brust des Mannes zum Leben erwecken, wenn das weibliche Herz versteinert?! Lieben sollst du, Frau! Trage das Kreuz der ungeteilten Liebe und schenke dem erkalteten, einem Stein ähnlichen Herzen des Mannes die große Wärme. Vergieße Tropfen um Tropfen des Nektars der jungfräulichen Liebe, kennst du doch bereits die Allmacht des Wassers, das dir magische Kraft verleiht. Sogar die Steine fügen sich dem Willen des unnachgiebigen Tropfens, der durch sein selbstaufopferndes Werk im Dienste des männlichen Herzens stets sein Ziel erreicht.

Am Morgen fällt ein frischer Tautropfen herab und ersetzt den gestern verschwundenen. Und so wiederholt es sich tagaus tagein. Unsterblich bist du, oh Frau, und dasselbe gilt für den Mann, allerdings nur in der Form, die nach irdischem Verständnis weder über ein männliches noch über ein weibliches Prinzip verfügt. Der Schöpfer hat ein einziges, ganzheitliches Wesen geschaffen. Damit es keine Widersprüche in sich selbst trägt, hat Er es in zwei Teile geteilt und jeden Teil mit dem Geiste magischen Aufeinanderzustrebens erfüllt. Diesen beiden Hälften hat Er das Gebot erteilt, einander zu finden und erneut ein einheitliches Ganzes zu bilden; dies allerdings in dieser Welt, die keine Einheit kennt und alles Seiende in Stücke teilt. Wozu hat Er das getan?! Allein deshalb, um jemanden nach seinem Abbild zu schaffen, der fortan den Namen Gott trägt! Und Er spiegelt sich bereits im kleinen Tautropfen wider und zeigt sein feuriges Antlitz in den Strahlen der aufgehenden Sonne.

3. Das Aroma des Regens

Der Boden der Erde versteinerte und bekam Risse von der unerträglichen Hitze. Wie viele Feuer waren vergossen worden! Die Planetenhülle knistert, und das ausgetrocknete Gewebe wird an vielen Stellen förmlich zerfetzt. Die Materie hält der plötzlich auftretenden Gluthitze nicht stand, und die zuvor unumstrittene Existenz einer neugeborenen Welt wird stark in Zweifel gezogen. Die trockenen, glühenden Steine dampfen vor Hitze, und der gesamte Boden unter ihnen wird zu Stein. Wo bleibt der Regen? Wie sehr dürstet alles Lebendige danach, die lebenspendende Feuchtigkeit abzutrinken! Die in Form einer schwarzen Wolke aufziehende Nacht droht die Steine in Staub zu verwandeln. Der Tag kann jedoch nicht ewig andauern, denn das Feuer ist in der Lage, alles niederzubrennen und das, was aus kosmischem Staub geschaffen war, wieder in solchen zu verwandeln. Nur der Regen, der die Segnung des Wassers der Ewigkeit in sich trägt, kann die Welt retten.

Tosende Ströme ergossen sich über die Erde, und aus irgendeinem Grund leuchteten und schillerten sie. Doch das war völlig normal, denn das Wasser trug feurige Substanz in sich. Die wilden Strömungen flossen wie ein breiter Fluss auseinander und füllten alle Spalte und noch so kleinen Vertiefungen in der aufgeplatzten Erdkruste. So entstanden darauf Meere und Ozeane, Flüsse und Seen. Es gab so viel Wasser, dass es nun die gesamte Oberfläche des Planeten hätte bedecken können. Doch wo sollte dann das auf feste Form angewiesene Feuer auskristallisieren? Eine besondere Verschmelzung musste offenbar werden: Die Flamme des Universums konnte sich in den Strömen des Wassers nicht völlig auflösen, denn das Feuer war dazu berufen, seine Mission zu erfüllen. Nebeneinander mussten sie ihren Frieden finden. Und das Festland lieferte sich bereitwillig den Umarmungen des Wassers aus. Dieses wiederum streckte sich flach an seinen Füßen aus und ließ sich von seinem zu Stein gewordenen Gebieter überragen. So waren beide in einem einzigen Kreis eingeschlossen. Durch ein himmlisches Bündnis auf der Erde miteinander verbunden, waren sie nah und fern, ähnlich und unähnlich, miteinander vereint und gleichzeitig getrennt, denn beide hatten die Unverletzbarkeit ihrer eigenen Grenzen bewahrt.

Wie schwer es doch ist, nebeneinander zu sein, wenn man zwei entgegengesetzte Pole darstellt! Wie sollen Festland und Wasser einander begegnen? Die Wassermassen bergen ein stilles und sanftmütiges Wesen in sich, doch bleiben die Träume des Wassers dem Feuer etwa verborgen?! Also ordnet es sich aus freien Stücken unter und sinkt demütig auf den tiefen Grund hinab. Die Wassermassen hingegen strömen freudig in die neuen

Ländereien herein und fluten die Erdkruste. Und so wechseln sie die Orte: Mal ragt das Festland über dem Wasser empor, mal bedeckt das Wasser das Festland. Sie teilen die Macht zwar nicht, lassen dem anderen aber stets voller Vernunft den Vortritt. Und dennoch hat sich keiner von ihnen jemals völlig untergeordnet und so seinen eigenen Pol bewahrt. Möglicherweise sind sie ja nur deshalb miteinander verschmolzen, weil ein Prinzip immerfort zum anderen strebt. Denn was ergäbe sich, sollte sich der eine im anderen auflösen? Eine riesige, schmutzige Pfütze, die den vor Leben sprühenden Planetenkern von allen Seiten umzöge. Das eigene Gesicht nicht zu verlieren, ist eine Aufgabe, die der Schöpfer sowohl dem Feuer als auch dem Wasser gestellt hat. Vereinigt euch, doch wahrt dabei euer eigenes Antlitz wie ein Heiligtum!

Haben Sie Verständnis für die Frau, wenn ihre Gefühle über den Rand hinausschwappen, während sie die Krönung der Sanftmut darstellt! Die innerlich verborgen heranwachsende Gemütsbewegung mündet in ein bestimmtes Handeln, und das Aufblitzen des offenbar gewordenen innerlichen Feuers bringt Sturm und die zerstörerische Kraft der Wellen hervor, die in rasendem Tempo über das Meer jagen und ihr unbekanntes Ziel zu erreichen versuchen. Das Wasser strebt danach, die Macht innerhalb der festgelegten Grenzen zu konsolidieren, und eine Zeit lang gelingt es ihm, sich die Kräfte aller Naturgewalten zu unterwerfen. Und dennoch findet die Empörung des Wassers ein rasches Ende. Dann setzt die Ruhe erneut dort ein, wo zuvor höchste Unruhe herrschte. Allein das Wasser bewahrt die Erinnerung an die in den Sphären der Ewigkeit durchlebten Augenblicke, wo durch das Aufschlagen des Wassers Welten entstanden. Es hegt den Wunsch, etwas zur Welt zu bringen, denn seine Hauptaufgabe auf der Erde besteht darin,

Leben nachzubilden. Und kann man es der Frau etwa zum Vorwurf machen, der Welt Frucht bringen zu wollen, die sie selbst erschaffen hat und die nach dem Plan des Schöpfers mit dem Atem Seines glühenden Geistes gesegnet wurde?!

Durch die Kraft weiblichen Verlangens wurde im Wasser Leben geboren. Die von inneren Strömungen geformte Frucht reifte heran, und die eine Form wurde durch eine andere ersetzt. Die Struktur, die größtenteils aus Wasser bestand, war jedoch nicht für das Leben auf dem Festland geeignet. Doch wie groß war der Wunsch, die ganze Welt mit der Schaffenskraft der eigenen Hände zu entzücken! Hier war die Hilfe des Feuers vonnöten, das im groben Gestein der Erdkruste auskristallisiert war. Scheinbar unwillig machte es sich daran, auf den Ruf zu antworten, was es der entstandenen Form ermöglichte, die Sphären seiner Besitztümer zu betreten. Die Synthese aus Feuer und Wasser brachte ein neues Geschöpf hervor, welches voller Zuversicht aus dem tiefen Abgrund kletterte, entschieden in die Höhe emporstieg und von dieser Höhe aus die Rolle des Gebieters über Land und Wasser übernahm. Als Treffpunkt von Wasser und Feuer diente somit eine Form, die die Krönung der Schöpfung darstellte, und fortan trug sie den Namen „Mensch“.

Haben die beiden Pole denn hinreichend friedlich nebeneinander ihre Ruhe gefunden? Stellt ein Wesen, das zwei Prinzipien in sich vereinigt, denn keine Kampfarena dar? Ja, der Mensch stellte sich als ziemlich widersprüchlich heraus: In ihm gewinnt mal das eine, dann wieder das andere die Oberhand. Das, was nur einen Augenblick zuvor an der Wasseroberfläche trieb, kann plötzlich auf dem Meeresgrund liegen. Nur gut, wenn das eine dem anderen in einem fließenden Übergang Platz macht, ohne Konflikte und Stresssituationen zu verursachen.

Harmonie ist ein schwer erreichbarer Zustand, wenn das eine durch gewaltsame Unterdrückung des anderen die Oberhand gewinnen möchte. Doch woher soll diese Eigenschaft kommen, wenn weder dem Wasser noch dem Feuer Gewalt zu eigen ist? War das abgestandene Wasser, das mit Fug und Recht Unmut an den Tag legt, etwa in der Lage, in seinem Inneren Zorn hervorzurufen?! Die in den Umarmungen des Steins gefangenen Feuer sind hingegen erkaltet und offenbaren den kalten Widerschein der Teilnahmslosigkeit und völligen Gleichgültigkeit gegenüber sämtlichen Vorgängen! Sollten die winzigen Veränderungen des qualitativen Zustands tatsächlich so ernste Folgen gehabt haben, als sie sich in großer Synthese umschlungen hielten? Nun, die Zeit ist in der Lage, sämtliche Bestandteile auszuleuchten, die als grundlegende Elemente zu einem endgültigen Wesen zusammengefügt wurden; zu einem Wesen, aus dessen vergänglicher Struktur das Ewige dadurch herausgemeißelt werden muss, dass sich zwei Prinzipien mit entgegengesetzten Polen zu einem einheitlichen Ganzen vereinigen.

Die Zeit vergeht. Wie Milliarden Jahre davor, strebt das Wasser auch weiterhin zum Feuer der Himmel. Da es aber nicht die Kraft hat, über die Erdatmosphäre hinaus emporzusteigen, kristallisiert es ebenso aus wie das Feuer. So entstehen die riesigen Wolken, die voller Leichtigkeit am Himmel entlangziehen und aufmerksam danach schauen, ob nicht vor ihnen der Ort auftaucht, an dem sie zu einer herabhängenden Regenwolke erstarren und ihre lebenspendende Feuchtigkeit ausschütten können. Das Wasser hat die Fähigkeit erlangt, selbst auf festem Boden Leben nachzubilden. Und so entwickelten sich seine Fähigkeiten weiter, was dem Umstand geschuldet war, dass das Festland sich äußerst nachgiebig gegenüber der Wirkung seiner Ströme zeigte. Es war nicht länger nötig, mehrere Tausend Jahre lang die Erdkruste zu überfluten und auf ihre Vaterrolle vorzubereiten. Schon wenige Regentropfen reichten aus, um den eigenen Augen den Triumph des Lebens zu offenbaren. Wie hoch bist du emporgestiegen, oh Frau, die du Milliarden Jahre vor den Füßen des Mannes ausgebreitet dalagst! Die Höhe, in der du schwebst, macht dich unerreichbar. Die Steinbrocken können nicht zu den Wolken aufsteigen und wie eine leichte Wolke neben dir dahinziehen. Das Wasser hat die Festigkeit überwunden. Um die Erdkruste auf deine Höhe anzuheben, sind zahlreiche Anstrengungen zur Verdünnung seiner festen Struktur erforderlich. Das Wasser ist im Inneren tätig, und seine Tätigkeit entfaltet sich nach außen. Es entfacht den glutheißen Funken in sich, um auf bestmögliche Art auf das Feuer zuzugehen. Und die Zeit bringt unablässig die Stunde des Triumphs näher, in der sich das große Wasser in einem letzten segensreichen Regenguss ergießt. Dieser ist in der Lage, alle Schichten der Erdkruste zu durchtränken und die feste Materie zu verdünnen. Dies allerdings wird kein gewöhnlicher Regen sein, sondern ein Feuerregen, bei dem Zwei zu Einem verschmolzen sind. Euer irdisches Auge wird ihn jedoch nicht sehen können, und nur mit euren verliebten Herzen könnt ihr das überirdische Aroma des Feuer atmenden Regens einatmen, der sich mit jedem Tropfen seines Nektars aus den Himmeln ergießt.

KAPITEL II

1. Die Entstehung der Lotosblume

Die Sage von der geheimnisvollen Empfängnis der glühenden Lotosblume hat ihren Ursprung in den Tiefen der unsichtbaren Sphären. Zu unseren Herzen dringt lediglich das Licht der reflektierten Wahrheit vor. Woher stammte die erste Blume, die sich aus einer Knospe entfaltet hatte, welche aus einem geheimnisvollen Samen erwachsen war? Wer hatte den winzigen Samen erschaffen und ihm Form, Farbe und Duft verliehen? Nur das glühende Denken war in der Lage, eine solche Schönheit nachzubilden, indem es sie durch den Atem des einen Geistes heiligte. Über die Fähigkeit zur eigenen Nachbildung verfügt der reife Samen der Blume jedoch von Geburt an – hier lässt sich eindeutig die Hand der Frau erkennen, die allen lebendigen Wesen die Fähigkeit verleiht, neues Leben hervorzubringen.

Der erste Schössling erschien auf der Wasseroberfläche und prophezeite die Knospe, die in verborgenem Schoß heranreifte. Das Geheimnis des Lebens entfaltet sich im Stillen; hinter den Blütenblättern, die sich zu einem einheitlichen Ganzen verschließen, finden Vorgänge statt, die sich unmöglich durchschauen lassen. Feuer und Wasser erschaffen ihr eigenes Kind, das sich bald darauf der ganzen Welt in voller Pracht offenbart. Nun war der Tag gekommen, an dem die wundersame Göttliche Knospe die über ihr geschlossene Wasseroberfläche feierlich auftrennte und voller Stolz emporstieg, ringsum von großen Blättern bekränzt. Klar und deutlich offenbarte sich das ausgereifte Geheimnis dem Blick der Himmelskörper des Weltenalls. Der Triumph des Lebens leuchtete auf in Herrlichkeit.

Über die ruhige Oberfläche, die keine aufrührerischen Wellen kannte, zog der heiße Atem des ersten feurigen Impulses hinweg. Das verdichtete Feuer hatte zu sprechen begonnen und war bereit, seine Rolle als Himmelskörper der erschaffenen Welt zu übernehmen. Die Knospe erzitterte, und das erste Blütenblatt, welches alle übrigen Blätter an ihrer Entfaltung gehindert hatte, richtete sich mit Leichtigkeit auf, da es dem Willen einer inneren Kraft unterlag. Das zauberhafte Leuchten der Feuer ergoss sich in die Welt und floss in lichtführenden Strömen von den Enden der leuchtenden Blütenblätter ab. Nur das Herzstück war noch von einem letzten Blütenblatt verdeckt, das auf die Stunde seines Erwachens wartete. Und unter ihm regte sich etwas, das sich offensichtlich darauf vorbereitete, in dem Moment höchste Sichtbarkeit zu erlangen, wenn das Wesen der Erscheinung sich entblößt an der Oberfläche des beruhigten Wassers offenbaren sollte.

Im Herzstück der wundersamen Knospe reifte ein lebendiges Wesen heran. Es musste den Weg von der Blume zum Gott durchlaufen. Der Frau oblag es, den Mann auf seinem Weg zu bestärken, ohne dabei die große Weiblichkeit eingebüßt zu haben, welche ihr die Göttliche Mutter verliehen hatte. Die, die den gleichen Anteil an Strömen aus Feuer und Wasser aufgenommen hatte, durfte den vollen Kelch nicht verschütten und musste zudem beide Prinzipien dort vermehren, wo sie nicht einmal in der Erinnerung existierten. Auch mit der Kraft des männlichen

Geistes immer am Frausein festzuhalten – dies war die Aufgabe des Wesens, das sich noch immer unter dem Blütenblatt verbarg, welches das Herzstück der Knospe verdeckte.

Lange Äonen gingen vorüber, und die glühende Lotosblume mäßigte die Glut ihrer Flamme und nahm Ähnlichkeit mit ihren gewöhnlichen irdischen Geschwistern an, die man nun sehen konnte; tatsächlich war sie jedoch deutlich größer und ihre Struktur barg einen Zustand verdünnter Materie in sich. Der Himmelskörper bezog im Zenit der glühenden Herrlichkeit Stellung und kündigte durch den Atem seiner Strahlen an, dass die Stunde der Entfaltung des letzten Blütenblattes gekommen war. Das Wasser schmolz durch die Glut der sich ergießenden Feuer hinweg, während die immer tiefer hinabsinkende Blume sich gleichmäßig an der Oberfläche hielt. Hier handelte es sich nicht mehr um die grenzenlosen Weiten des Ozeans der Sterne, in denen sie gezeugt und geboren worden war, sondern um das Wasser der Erde. Die uferlose, Feuer atmende Welt war aus dem Sichtfeld verschwunden, und die Lotosblume fand sich auf einer spiegelglatten Oberfläche wieder, in deren Tiefe sich das Hochgebirge widerspiegelte, das die Blume im Kreis umstellt hatte. Dies war das neue Haus der Blume.

Die Stunde hatte geschlagen. Die kosmische Phase diktierte den höchsten Willen, und die Wurzeln der Blume gruben sich tief in die Erde. Und in den Momenten, in denen sich Gleichgewicht einstellte, da die Säfte der Erde bis zum Herzstück aufgestiegen waren, wurde ein großer Impuls freigesetzt. Durch die Kraft der inneren Ströme richtete sich das einfache Blütenblatt plötzlich auf und brachte die wundersame Silhouette der in ewigem Gebet verneigten himmlischen Frau zum Vorschein, die zur Erde hinabgestiegen war. Sie war dünn und halb durchsichtig wie ein zartes Blatt der Lotosblume. Zur vollen Größe aufgerichtet, umgab sie eine Aureole der Herrlichkeit, die aus schneeweißen, zu einem einheitlichen Kranz geflochtenen Blättern bestand. Wie die Lotosblume, die mit ihrem festen Stängel die Wurzeln und die diesen Stängel schmückende, prächtige Krone im Gleichgewicht hielt, hatte auch sie festen Stand. Die Frau machte einen entschlossenen Schritt nach vorne, woraufhin sich die Blätter der Lotosblume augenblicklich zusammenfalteten und in die Tiefe des Wassers eintauchten in Erwartung der Stunde, in der diejenige zurückkehren würde, die sie verlassen hatte. Sie verfaulen nicht und verlieren nichts von ihrer Frische – selbst dann nicht, wenn sie Millionen Jahre wartend vergeuden müssen. Irgendwann wird die Stunde schlagen, in der sie die kostbare Last entgegennehmen, um sie erneut zu den Füßen des Schöpfers in die glühenden Sphären emporzuheben.

Die Frau stieg aus dem Wasser und betrat die Welt. Sie schritt genauso leichtfüßig über das Festland wie zuvor über die Wasseroberfläche. Sie konnte durch Felsen hindurchgehen, und es bereitete ihr keine Mühe, sich in Windeseile auf der höchsten Bergspitze einzufinden. Für die, die in der Lotosblüte herangereift war, gab es keine unüberwindbaren Hindernisse, denn sie war allmächtig. Und was sollte daran verwunderlich sein, hatte sie doch in ihrem glühenden Herzen den Geist des überirdischen Mannes getragen! Die leichte, leuchtende Form büßte ihre himmlischen Merkmale jedoch allmählich ein, da sie die irdischen Ströme aufsog. Die leuchtende Morgengöttin verfinsterte sich durch einen kaum merklichen Schatten. Und so verfestigte sich ihr Körper und schränkte den freischwebenden Geist immer mehr ein. Die überirdische Frau wurde zu einer irdischen. Sie hatte ihre Wurzeln so tief im festen Boden vergraben, dass ihr mit der Zeit sogar die Erinnerung an die glühend-feurige Lotosblume abhandenkam, die sie in diese Welt gebracht hatte. Die Blume wartete jedoch auf sie – sie wusste, dass die Frau sich irgendwann an sie erinnern und ihr eine ganze Sage widmen würde, bevor sie mit einem kostbaren Geschenk in den Händen zu ihr zurückkehren würde. Dann würden ihre Blätter sich entfalten und ihr zärtliches Herzstück unter die Füße der schlichten irdischen Frau stellen; einer Frau, die große Ergebenheit bewahrt hat gegenüber ihrem glühenden Herzen, das den Namen der himmlischen Frau über alles erhoben hat.

2. Das Morgenlied

Von der Welt der Formen bezaubert, erwachte die Frau, die selbst eine aus irdischen Strömen gewobene Form angenommen hatte. Hier war alles ganz anders. Sie war in eine aus Steinen gebildete Welt geraten. Die fehlenden Gedanken hatten ihre Spuren im festen Gestein hinterlassen – es war rein und unschuldig. Der Stein selbst konnte nicht denken, geschweige denn etwas Höheres wie die Frucht fremder Vorstellungskraft verkörpern. Dort, wo es keine Gedanken gibt, können natürlich auch keine Worte entstehen. Und so wurde die große Sprachlosigkeit zum ewigen Begleiter der einsamen Frau.

Sie lief lange über die Erde, wenngleich sich die Bewegung der aus der Lotosblume Hervorgetretenen nicht anders bezeichnen ließ als Abmessen gleichmäßiger Schritte, denn die Frau war noch immer so schwerelos, dass sie mit ihren Fußsohlen kaum die Erdkruste berührte. Während sie als leichte visuelle Wahrnehmung in Erscheinung trat, berührte sie die Steine, die durch die

Berührung ihrer wundersamen Hände mit Leben erfüllt wurden. Sie fingen an, sich wie zu einem Magneten auszustrecken und versuchten, ihre schwerfällige Struktur von der Erde loszureißen und einen leichten Schwebezustand zu erreichen. Der Ruf nach Verwandlung ertönte in der Welt. Die Kälte der Unbeweglichkeit begann nach Wärme zu klingen und breitete sich wie ein reißender Strom in den irdischen Sphären aus. Das Herz der Frau war so groß, dass es abgestorbene Prozesse wieder ins Leben zurückholen konnte! Eine lebensbejahende Note ertönte in der Welt.

Die Sonne trat mit gleißendem Licht hervor und breitete ihre Strahlen aus. Der große Tag, der im Zeichen der Frau vergehen und Milliarden Jahre dauern sollte, hatte begonnen. Nun galt es, das höchste Werk zu vollenden und wie der Schöpfer immer neue Organismen zu schaffen, die geeignet waren, den Triumph des Lebens in sich zu tragen. Eine Frau – was ist das? Erstens ist sie es, die Leben schenkt, zweitens ist sie sich selbst reproduzierende Materie, und drittens ist sie eine schöpferische Kraft, die dem Unsichtbaren sichtbare Form verleiht. Diese Aufzählung lässt sich weiter fortsetzen, denn das Tätigkeitsfeld, das der eine Schöpfer seinem irdischen Abbild in Form der Frau zugewiesen hat, ist unendlich weit.

Der Morgen des neuen Tages war der zweite in der Reihenfolge, und er diente als Zeichen der entfalteten Lotosblume. In dieser Form wurden das männliche und das weibliche Prinzip miteinander vereinigt. Daher fand auch die Herabkunft in die irdische Welt in Form einer hinabgestiegenen himmlischen Blume statt, aus der die glühende Materie aus dem Wasser auf das Festland trat. Alle sieben Noten der großen Oktave mussten in der Welt erklingen; sie bedeuteten die Entstehung von sieben

Blumen – und damit von sieben Strahlen, die sieben Rassen hochorganisierter lebendiger Wesen auferweckten. Und es oblag der Frau, all dies zum Leben zu erwecken. Da jedoch eine riesige Anzahl vorbereitender Arbeiten zu erledigen war, verlor sie keine Zeit und machte sich mit den ersten Strahlen des morgendlichen Himmelskörpers ans Werk.

Vor der Frau breitet sich ein endlos langer Weg aus. Wie beschwerlich ist es, alleine unterwegs zu sein, ohne die starke Schulter des Mannes neben sich zu fühlen! Wie die Lotosblume hat die Frau zwei Prinzipien in sich aufgenommen. Sie darf jedoch nur eines zeigen, während sie das andere tief im Herzen verborgen hält; dort nämlich muss sich das Feuer bis zur vorherbestimmten Stunde aufhalten. Wer hilft der Frau, wenn die Waagschale ein Übergewicht aufseiten der materiellen Welt aufweist? Wer bringt Geistiges ein und bestärkt so das große Gleichgewicht in der Welt? Dabei darf man keinesfalls mit dem eigenen Schicksal hadern, das die Frau dazu bestimmt hat, das Kreuz der Einsamkeit in vier von sieben Kreisen zu tragen. Zunächst muss die Vierheit der fundamentalen Noten in der Welt ertönen, erst dann kommt die höchste Triade in Gestalt des himmlischen Mannes herab. Das ausgebreitet auf der Erde liegende Viereck wird von der Pyramide des Heiligen Geistes überdeckt. Die Frau bereitet dem Mann den Weg. Sie ist sich dessen bewusst und vollbringt stumm eine Heldentat des Lebens.

Wird das Herz des Mannes auf das tiefe Stöhnen reagieren, das die lautlosen Lippen des verletzten Herzens der Frau ausstoßen? Wird er dem Ruf der leidenden Seele nicht die Antwort verweigern? Fällt es ihm etwa leicht, Milliarden Jahre im Warten auf den Moment zu durchleben, in dem das vorherbestimmte Treffen anberaumt ist?! Weder der Mann noch die Frau können ihr

Glück finden, wenn sie sich auf verschiedenen, für zwei getrennte Hälften vorherbestimmten Umlaufbahnen fortbewegen. Während sie sich immer weiter voneinander entfernen, verlieren sie einen Teil ihrer selbst beinahe aus den Augen, und mit dem Verschwinden dieses Teils aus dem Blickfeld erlischt eventuell auch die Hoffnung. Doch Kreis bleibt Kreis, und an einem Punkt müssen die beiden Umlaufbahnen dennoch miteinander verschmelzen. Das Herz des Mannes weiß bereits, dass sich zwei Windungen nebeneinander herausbilden, ist dies doch das Gesetz der Evolution. Dazu kommt es allerdings erst dann, wenn die Frau in den vierten Kreis eintritt. Dieser trifft unmittelbar auf den fünften, und hier nehmen bereits die Besitztümer des Geistes ihren Anfang. Denn dies ist der Wille des Feuers: Es wartet an dem Ort, der für das Treffen vorherbestimmt ist. Und die Frau muss selbst dorthin gelangen, indem sie die Stunde des Treffens mit menschlichen Händen und Füßen näherbringt.

Nicht traurig, sondern freudvoll tritt das Morgenlied vor die Augen. Ein wunderbarer Tag voller Wärme und Sonnenschein steht bevor. Die Frau entwirft ein prächtiges Muster und verewigt ihren vom Feuer des Herzens genährten Gedanken im Stein, wodurch sie wie an einer Rolle ein Gedankenbild auferlegt. Das Wirken der Töne lässt die Steine zerfallen oder vielmehr in Richtung der in der Natur dominierenden Note aufbrechen. Und während sie in einzelne Fasern zerfallen, können sie diese Töne kundtun, als wären sie gespannte Saiten, auf denen die Materie spielen und dabei andere Töne hervorbringen kann. Dies wird jedoch nicht mehr die Stimme des Steins sein, sondern das Rauschen der Blätter und das Atmen künftiger Eichenhaine. Die Welt ist nun einmal kein Stein! Mannigfaltig und vielseitig ist sie, man muss nur ihr Potential ausschöpfen. Alle Farbnuancen eröffnen sich, und die sieben Farben des Regenbogens entfalten sich in leuchtenden Blütenblättern, sobald die Sonne höher emporsteigt und ihren Zenit erreicht. Wunderschön wird der Tag! Und der Triumph des Lebens wird kein Ende nehmen, solange auf der Welt zumindest eine Frau existiert, die vom Feuer atmenden Herzen des Mannes geliebt wird.

3. Der Zenit des Feuers

Die Frau stieg als Erste in die Welt hinab, in der es noch keinen Mann gab; sie trug ihn als Feuer ihres eigenen Geistes in sich. Er lebte in ihrem Herzen. Seine Form blieb den Blicken verborgen, doch er folgte der Frau und begleitete sie unsichtbar auf ihrem weiten Weg. Ihr Treffen in der vom Schöpfer und Erschaffer geplanten Form lag noch vor ihnen. Unsichtbare Bande hielten das heilige Bündnis zusammen, in dem die ehelichen Pflichten sowohl für den Mann als auch für die Frau über allem standen. Und obwohl sie Milliarden Jahre voneinander getrennt gewesen waren, mussten sie einander heilig die Treue halten.

Die Frau schlief nicht – sie wusste noch nicht, was Schlaf war. Sie hatte Zugang zu allen Welten, in denen sie weiterhin lebte, während sie gleichzeitig große Taten in allen sieben Körpern vollbrachte. Doch die grellen Farben fingen allmählich an zu verbleichen, und die Welt, die sich zunehmend intensiver verfestigte, beeinflusste die Struktur der Frau und nahm ihr schrittweise die Möglichkeit, den sensiblen Plan zu durchschauen. Hauptsache sie wurde nicht zu Stein! Ansonsten drohte ihr der Verlust des einzigen Schatzes, von dem ihr Herz erwärmt wurde. Der Gedanke an den Mann war die Sorge um das geheiligte Feuer, und diese Sorge musste sie unermüdlich an den Tag legen.

Das Hauptaugenmerk musste dem Herzen gelten. Es war notwendig, die Feuer bis zu einem solchen Leuchtgrad zu offenbaren, dass sie in der Brust förmlich auskristallisierten. Und wenn die Frau sich in einen Stein verwandeln sollte, dann deshalb, damit lichtführende Funken in ihr die Flamme früheren Lebens auferwecken und sie so zur ewigen Suche nach dem einen Mann bewegen konnten. Denn was außer der heiligen Liebe sollte die Wärme der Feuer vervielfachen?! Sie schenkte auch so ihre Liebe – wie sollte eine Frau auch nicht lieben? Dann war sie keine Frau, sondern nichts als ein Stein! Doch das reichte offenbar nicht aus, daher galt es, die Macht der himmlischen Liebe mit der Flamme irdischer Liebe anzureichern ... Du musst in jedem lebendigen Wesen einen Geliebten sehen und sein Herz mit den lebensbringenden Strömen erfüllen, oh Frau! Wie sollst du die Kraft aufbringen, die ganze Welt mit deiner Liebe zu umfassen, auf den Kopf zu stellen und dann zu erkennen, dass es sinnlos ist, hier nach dem geliebten Mann zu suchen!

Arm war die Erde, und nur der Himmel konnte seinen Reichtum mit ihr teilen. Als sie das erkannte, richtete die Frau ihren Blick nach oben und bat darum, die Feuer der Höhe möchten auf den tiefen Boden herabkommen. Wie ihren eigenen Körper wollte sie die Feste mit allen Flammen durchtränken, auf dass jede Zelle des planetarischen Körpers die Erinnerung an das Feuer wahre. Denn wo die Spur der Flamme offenbar war, da wurde sie vom Siegel des Heiligen Geistes überlagert. Denn was sollte der Geist anderes sein als das Feuer, und was sollte die Flamme anderes sein als der Mann?! Der Herabkunft des Einen wegen lässt die Frau also nichts unversucht – überall erzeugt sie Lichtfunken, damit ihr Geliebter jederzeit ihre Spur ausfindig machen kann. Sie hebt die Zungen der Flamme empor, nachdem sie bunte kleine Funken hervorgebracht hat. Und dies alles, damit ein noch mächtigeres, sich an den Feuern ihres Herzens orientierendes Feuer in Gestalt des Göttlichen Mannes herabkommt. Ihm zu Ehren müht sie sich und bereitet die Welt vor mit dem Ziel, sie der Obhut des Feuer atmenden Geistes anzuvertrauen. Soll es doch hier so sein wie dort in unerreichbarer Höhe. Weshalb sollte man sich von etwas Erhabenem trennen? Die beiden mussten immer und überall untrennbar sein – sowohl im Himmel als auch auf der Erde.

Die Glut der Leidenschaften erreichte ihren Höhepunkt. In der Brust war ein einziges Tosen. Harmonie und Ruhe wurden durch das Eindringen irdischer Gefühle gestört. Sie standen im Widerspruch zur himmlischen Seele und riefen Dissonanzen hervor. Zum ersten Mal fühlte das Herz Schmerzen. Die Frau wurde von Schwermut ergriffen, und ihre Augen wurden von Tag zu Tag feuchter – sie gewährte der Sorge Einlass in ihre Brust, und diese nahm den Platz ein, der für die Freude vorherbestimmt war. Eine vage Vorahnung der Zukunft drang ins Bewusstsein ein, das von einem Dunst überzogen war, welcher von der Verdichtung der Materie herrührte. Vergängliches Gewebe war auf dem Vormarsch und eroberte Stellung um Stellung. Und nur das Feuer stellte ein ernstzunehmendes Hindernis dar. Sogar das Irdische hielt die Unantastbarkeit der Grenzen des Himmlischen heilig. Die Wärme der Flamme konzentrierte sich so stark, dass sie sich in glühender Kristallform unsichtbar in der Tiefe des Herzens ablagerte. Dies war die Frucht, die die Flamme hervorgebracht hatte – diese hatte den Scheitelpunkt ihrer eigenen Verdichtung erreicht und stellte damit einen Punkt dar, den man als feuriger Zenit bezeichnen konnte.

Wie wunderschön bist du geworden, oh Frau, wenngleich deine irdische Form steif geworden ist und die Materie, aus der du gewoben bist, ein Netz aus Falten auf deiner Stirn hinterlassen hat – die Schönheit erhabener Weiblichkeit hat sich in deinem Inneren auskristallisiert! Du bist Sophia, denn du bist die Verkörperung Göttlicher Weisheit! Du bist Lakshmi, denn du trägst das Feuer des Gottes Vishnu in deinem Herzen. Du bist Sarasvati, denn du bist die Personifizierung des Wassers der großen Mutter. Du bist die himmlische Isis, die der irdischen Isis das Leben geschenkt hat. Du selbst bist die Wiege, die die Menschheit großgezogen hat.

Oh Frau der Erde, Frau des Universums, Frau, die du vom Herzen der Unendlichkeit der glühenden Welten geliebt wirst! Du, die du als Morgengöttin Einzug gehalten hast und über das irdische Wasser schreitest, hast den Höhepunkt der Herrlichkeit der Sterne erreicht und offenbarst den Zenit des Feuers in den Herzen, die der Lotosfüßigen nachgefolgt sind. An dir liegt es, die Epoche der Liebe zu eröffnen, hast du doch als Erste auf den Einen gewartet und die glühende Vermählung durchlaufen, indem du mit irdischen Füßen in den Tempel emporgestiegen bist, dessen Feuer in den jenseitigen Sphären lodern, wo der Geist des einzig Seienden seinen glühenden Atem ausstößt. Du hast den Mann gefunden und ihm das Ehebett in den Herzen der Menschen bereitet. Sie werden in ebenso erhabener und wunderbarer Liebe entbrennen wie du. Und sie werden den höchsten Weg von einem Sandkorn zu einem Stern durchlaufen, der im Zenit der glühenden ewigen Herrlichkeit aufleuchtet. Alle unzähligen Welten verneigen sich vor dir! Nimm den aus Myriaden von Himmelskörpern gewobenen Überzug an und entfalte dich als Sonne eines neuen Tages; nachdem du die letzten Tropfen des kosmischen Wassers von deiner Kleidung abgestreift hast, wirst du nämlich zur Verkörperung des personifizierten Feuers und verschmilzt mit dem von dir geliebten Mann zu einem einzigen Himmelskörper.

KAPITEL III

1. Die Entfaltung der Lotosblume

Die Lotosblume lebte im Herzen und bildete eine Einheit mit ihm, doch ihre Knospe war verschlossen – neun kleine Blütenblätter waren miteinander verschmolzen und lediglich drei sprühten wie Strahlen vor Leben und waren zur Entfaltung bereit. Jedes der zwölf Blütenblätter wartete auf den vorherbestimmten Zeitpunkt seines Erwachens, vorläufig ruhten sie jedoch in vier Triaden in der Brust.

Die unsterbliche Flamme hatte für sich einen Zufluchtsort im Herzen gefunden. Sie war es, die die in der Brust verschlossene Lotosblume nährte und ihr als segensreicher Boden, als benetzende Feuchtigkeit, und auch als Wärme spendende Sonne diente. Die Blume kannte keinen Rückgang der Ströme, die sich freigebig über sie ergossen, daher wuchs sie nicht mit jedem Tag, sondern mit jeder Stunde in die Höhe. Die Knospe war jedoch unsichtbar, und man konnte sie nur auf feinstofflicher Ebene sehen, denn sie war aus feinster Materie gewoben. Die Wurzeln dieser leuchtenden Lotosblume reichten bis in den segensreichen Schoß, dessen Rolle das einfache physische Herz erfüllte, welches im festen menschlichen Körper seinen immer gleichen Takt schlug. Und so wurde ein unsterbliches Geschöpf von einer sterblichen Struktur mit den Strömen des Lebens versorgt.

Das Vergängliche verrichtete im Namen des Triumphes des Unvergänglichen seine Arbeit. Am Stängel, der die Wurzeln der Blume wie ein silberner Faden mit der Knospe verband, vermischten sich die Ströme segensreicher Ausflüsse und vervielfachten die Macht des Herzstücks, das die Krone aus verschlossenen Blütenblättern speiste. Und so galt es, jede der vier Gruppen mit Strömen bestimmter Kombinationen zu versorgen, durch die sich im Inneren der Knospe harmonische Vibrationen etablieren konnten. Die exakt abgestimmte Atemfrequenz musste zwischen sämtlichen Blütenblättern eingehalten werden, obwohl jedes von ihnen sich vor eine konkrete Entwicklungsaufgabe gestellt sah und sich zur jeweils gegebenen Zeit entfalten sollte. Doch die ersten drei verströmten schon die Bereitschaft, ihre Farben zu offenbaren, denn für eines der drei hatte die Stunde bereits geschlagen. Es trug vieles aus der vergänglichen Welt in sich, daher musste es sich im Staub entfalten, welchen damals das menschliche Gehirn darstellte.

Das Blütenblatt erzitterte, und ein Beben huschte über seine gesamte fragile Struktur. Ein smaragdgrüner Strahl berührte es und bestärkte den Ruf des Lebens in jeder noch so kleinen Zelle. Dem Befehl der natürlichen Kräfte untergeben, begann es sich zu entfalten. Das Blütenblatt wusste bereits, dass es Wissen weiterzugeben hatte, denn die Triade, deren Bestandteil es war, beherbergte das höchste Wissen. In einer dreidimensionalen Welt stellte ein Punkt, der die Pulsierung des Feuers in sich offenbarte, die erste Dimension des sich offenbarenden Lebens dar. Man braucht jedoch nur am ersten Fädchen zu ziehen, und schon beginnt das ganze Knäuelchen sich aufzudröseln. Der Impuls zur Entfaltung zog darüber hinweg und loderte wie ein heller Blitz im Schoß der verschlossenen Knospe auf. Und die smaragdgrüne Farbe ergoss sich über die gesamte Welt und fasste als Dominante Fuß. Wachstum, Entwicklung und nach oben gerichtetes Streben charakterisierten die Phase, die mit der Entfaltung des ersten Blütenblattes verbunden war. Das Leben setzte zu einem neuen Kreis seiner evolutionären Entwicklung an.

Das Herz eines Menschen ist nicht mit dem Herzen eines Tieres zu vergleichen. Das erste Blütenblatt der herzinnigsten Lotosblume entfaltete sich und diente fortan als Brücke des Übergangs aus dem Reich der Vierbeiner ins Reich der Zweibeiner. Diese hatten noch sehr viele Eigenschaften bewahrt, die sich kaum als menschlich bezeichnen ließen. Doch auch der Mensch selbst war nicht die Krone der Schöpfung – er stellte den Weg dar, auf dem es vom tiefsten zum höchsten Zustand zu gelangen galt. Den Schritt zur nächsthöheren Stufe konnte er nur mit der Entfaltung des nächsten Blütenblattes zurücklegen. Dafür war jedoch umfangreiches Wissen vonnöten, also machte der Mensch sich daran, seine Umwelt zu erforschen. Die ganze Triade wurde vom pulsierenden Leben berührt, also zog das eine das andere nach sich und neigte jeweils langsam dazu, die in ihm steckenden Möglichkeiten zu entfalten. Der Mensch entfernte sich immer weiter von der Schar der Tiere und erlangte menschliches Antlitz, das unterschwellig bereits Züge des Göttlichen in sich trug.

Die drei Blütenblätter des Wissens entfalteten sich und brachten allmählich all jenen Erleuchtung, die bereit waren, zu Trägern der erschlossenen Wahrheit zu werden. Dies waren jedoch Einzelfälle, und sie stammten fast durchweg aus anderen Systemen, die die Erinnerung an das kosmische Wissen bewahrt hatten. Sie halfen denen, die auf dem Weg der evolutionären Entwicklung zurückgeblieben waren, konnten allerdings durch keinerlei künstliche Maßnahmen Einfluss nehmen auf die Entfaltung der Blütenblätter der herzinnigsten Lotosblume, solange der Mensch nicht selbst dahingehende Anstrengungen unternahm. Nun galt es, die Blütenblätter der nächsten Triade zu erwecken, um die Macht der Feuer des Herzens zu erlangen, denn das empfangene Wissen stammte letztendlich nicht vom glühenden Herzen, sondern aus der Umwelt. Die darauffolgenden Blütenblätter trugen die Göttliche Liebe in sich, was all diejenigen wussten, die über die Gabe der weisen Erkenntnis verfügten. Ja, voller Liebe waren sie bereit, ihr Wissen mit anderen zu teilen, um alle auf die Stufe des eigenen Wissens zu erheben und anschließend selbst noch höher emporzusteigen.

Wie konnte man Wissen weitergeben, ohne sich auf das Herz zu stützen, wenn dieses als Nährboden der glühenden Lotosblume diente, in der auch die verschlossenen Blütenblätter eine ruhige Heimstätte hatten!? Gespräche konnten nur von Herz zu Herz stattfinden. Mit dem Herzen konnte man jedoch nur in der Sprache der Liebe sprechen, da es keine anderen Redensformen verstand. Und natürlich musste der Dialog nicht auf der Ebene physischer Herzen stattfinden, die aus vergänglichen Fäden gewoben sind, sondern auf äußerst sensibler Ebene. Allein der Gleichklang der Vibrationen konnte zum gegenseitigen Verständnis führen. Wer konnte also das erste Blütenblatt der zweiten Triade in sich entfalten? Natürlich war es die Frau. Sie, die die Feste zuerst betreten, das Wasser des Himmels und die wundersame, von der Hand des Schöpfers geschaffene Lotosblume hinter sich gelassen und das Antlitz der wundervollen Knospe in sich aufgenommen hatte, offenbarte der Welt das Blütenblatt der Liebe. Und es ist keineswegs verwunderlich, dass diese Frau Göttin genannt wurde – Weiße Tara, Göttin der Liebe. Lakshmi war, ist und wird ihr Name sein, und die Erinnerung an sie wird andauern, solange die Lotosblume der glühenden Liebe in den Herzen der Menschen weiterblüht. Sie nämlich ist unsterblich, wie auch die Göttin der Welt selbst unsterblich ist.

2. Der Atem Lakshmis

Lakshmi, die erste Frau, die aus dem Wasser getreten war, war von allen Seiten von unsichtbaren Blättern der Lotosblume umgeben. Es schien, als begleiteten sie sie, während sie das eine Herzstück fest umschlossen. Jegliche Form feindlichen Eindringens von außen war völlig undenkbar, wäre ein solcher Feind doch sofort auf einen unsichtbaren Schild aus durchsichtigen Blütenblättern gestoßen, die den irdischen Leib der geliebten Göttin schützten.

Alles auf der Welt atmet und ist dem einen Gesetz des Weltalls unterworfen. Die irdische Feste atmete ebenfalls, und ihre Brust hob und senkte sich in Übereinstimmung mit dem Rhythmus des kosmischen Atems. Alles, was einen leichten und beweglichen äußeren Anschein hatte, sprühte vor Leben und offenbarte die im Inneren ablaufenden Prozesse in aller Deutlichkeit. Die äußere Unbeweglichkeit der Steine hatte hingegen das Potential, den unvollkommenen Blick zu betrügen – selbst ein Stein atmete, sein Atem war jedoch so ebenmäßig, dass sich das Heben und Senken seiner Form unmöglich visuell erfassen ließ. Doch was konnte sich vor dem alles sehenden Auge Lakshmis verbergen? Ihre kosmische Sehkraft war noch immer relativ scharf und durchschaute alles bis hin zu den Prozessen, die sich auf der Erdkugel abspielten, welche ebenfalls durch die Feuer atmete.

Wozu atmet alles Lebendige? Und weshalb bedeutet das Einstellen der Atmung den Tod? Natürlich lebt die dem kosmischen Gesetz unterworfene Erde nach den ihr vorgeschriebenen Leitsätzen. In ihre Brust wurde das immerfort atmende Feuer gelegt, daher wird auch die Feste durch den Atem zum Leben erweckt, und selbst das, was als unsichtbare Schutzschicht ihren Leib überzieht, sprüht vor Leben. Die aus Myriaden von Sternen gewobene irdische Decke kennt keine Ruhe – sie hebt und senkt sich, da die Materie der Sterne ebenfalls Feuer atmet. Sämtliche Welten sind mit Feuer gesättigt. Wo Feuer ist, da ist Leben. Und wer den Wunsch nach Leben verspürt, der muss die Flamme in sich aufnehmen, die den lebensbestärkenden Samen in sich trägt. Die Feuer, die aus dem Raum eingeatmet wurden, der mit dem Atem der Sterne gesättigt ist, erfüllten die Brust und nährten die herzinnigste Lotosblume dort, wo der Faden des Lebens verlief; dieser war mit dem Schöpfer des Himmels verbunden. Und wurde die Feuerzufuhr abgebrochen, riss auch der Verbindungsfaden ab. Die Erscheinungsform, für die das Fehlen lebensbringender Feuer charakteristisch war, wurde Tod genannt. Alles, was von den Feuern erfüllt war, trug hingegen das Symbol des Lebens, denn was war das Feuer anderes als das Leben selbst?!

Lakshmi atmete unentwegt – das Einstellen der Atmung war ihr seit jeher unbekannt, und deswegen war sie unsterblich. Das Feuer bildete ihre primäre Grundlage, und alles, was sie berührte, hatte die Eigenschaft, noch stärker zu entbrennen, wenn der lebensbestärkende Samen nicht verloren gegangen war. Die in der glühenden Lotosblume geborene Frau war natürlich von den Flammen durchtränkt, auch wenn sie sämtliche Eigenschaften des Wassers in sich trug. Sie war dazu berufen, durch Feuer und Wasser zu erschaffen. Während sie also alles Lebensfähige zum Leben bewegte, verwischte sie die Spuren derer, die die glühenden Gaben abgelehnt hatten, und tauchte sie in den Ungrund des Vergessens, um ihnen eine neue Chance zu geben, aus dem Wasser emporzusteigen. Lakshmi musste an ihrer Gleichmütigkeit festhalten und völlige Unvoreingenommenheit im geistigen Schöpfungsprozess bewahren, welcher ihr vom einzig Seienden vorgegeben wurde. Sie war jedoch auf der Erde und konnte sich nicht dadurch einem Stein angleichen, dass sie sich menschlichen Gefühlen unterwarf. So kam es zum „Fall" der Göttin, als diese von großem Mitgefühl zu den gefallenen Seelen erfüllt wurde und dem großen Schmerz Zugang zu ihrem Herzen verschaffte. Es wurde immer schmerzhafter für sie, die zu sehen, die die Feuer des Lebens nicht annahmen. Da ihr Schicksal sie beunruhigte, stieg sie noch tiefer hinab in die Welt, in der der kalte Atem des Todes regierte. Und hier begann Lakshmi, durch vergängliche Teilchen zu atmen, die sich mit den kleinen Funken des Leben spendenden Samens durchmischten. In dieser Welt lebte der sterbliche Mensch, zu dem nun auch sie wurde.

Als Schatten der Dämmerung traten diejenigen hervor, die dort lebten, wo kaum ein Bedürfnis nach Feuern bestand. Das Vergängliche und Vorübergehende war nicht von langer Dauer. Die Ursache lag darin, dass das Feuer, das der Schöpfer in die Brust gelegt hatte, sich schnell aufbrauchte, und dass der Faden des Lebens abriss, wenn ihm keine Lebensströme zugeführt wurden. Dann trug er die Seele in den Schoß des leuchtenden Feuers, damit sie das, was sie eingebüßt hatte, dort wieder auffüllen konnte. Lakshmi wusste, dass sich die Blätter der verschlossenen Knospe der Lotosblume öffnen würden, wenn alle Lebenden die Fähigkeit erlangten, durch ihre Herzen zu atmen. Dann würde die Gabe der Unsterblichkeit ganz gewiss alle berühren. Also beschloss sie, den düsteren Sphären durch ihren Atem Leben einzuhauchen, indem sie in der Feuer atmenden Welt glühenden Atem holte und ihn in den Schichten ausstieß, die der Atem der Vergänglichkeit ergriffen hatte. Um den Herzen beizubringen, durch den Überfluss der freigebig in die Welt vergossenen Feuer zu atmen, galt es, die Feuer des eigenen Herzens zu vermehren und so einen neuen Weg für andere zu bereiten. Wer nach den Feuern des Lebens strebte, musste die große Wahrheit über die Bestimmung der menschlichen Herzen erfahren. Das Ziel war, Unsterblichkeit zu erlangen, die der Himmel für jede Kreatur Gottes bestimmt hatte.

Die Lotosblume aus Lakshmis Herzen füllte sich mit dem beschleunigten Atem der Göttin, die zu einem Erdenmenschen geworden war. Natürlich ist der Atem der Götter auch der Atem des Feuer atmenden Universums selbst, und er unterscheidet sich fundamental vom Atem der Sterblichen. Das Feuer ist in seiner Reinform nicht in der Lage, den menschlichen Atemapparat wahrzunehmen; dieser aber ersetzt das zum Atmen durch die Flamme der Ewigkeit berufene Herz. Und so wurde von böser Hand das beseitigt, was den wertvollsten Schatz der Welt darstellte: das menschliche Herz. Die Lotosblume kann ihre wundervolle Blütenpracht nicht entfalten, solange der Mensch nicht die volle schöpferische Kraft des Feuers erkennt, das sämtliche Himmelskörper in den ihn umgebenden Räumen ausschütten. Und wenn Gott einen Schritt auf die Sterblichen zugegangen ist, müssen diese im Gedenken an das Göttliche auf ihre eigene Unsterblichkeit zugehen. Das menschliche Herz war auf Hilfe angewiesen, bevor es den Beschluss fasste, einen entscheidenden Schritt auf das Feuer zuzugehen. Und um das Erwachen des herzinnigsten Auges zu erleichtern, machte Lakshmi sich an ihr großes Werk. Sie musste einen Stützpunkt finden, also stellte sie sich unter dem Tiefsten auf, um diesem zu helfen, sich über das Höchste zu erheben. Und was außer ihrem liebenden menschlichen Herzen hätte ihr bei diesem mühseligen Werk beistehen können? Die glühende Lotosblume öffnete ihre Knospe, und diese war bereit, auf ihrem kleinen Herzstück der gesamten von der Morgengöttin geliebten Menschheit Halt zu geben.

Die himmlische Lakshmi rief mit ihrem glühenden Geist das himmlische Feuer an. Und ihr Herz wurde als Antwort darauf erfüllt von den Gaben des Himmels, der dankbar dafür war, dass seine große Tochter den höchsten Vater nicht vergessen hatte. So verschmolz das menschliche Herz der Göttin durch ständige Hinwendung zum Höchsten mit dem Atem ihres kosmischen Herzens, das im Gleichtakt mit dem Atem des Schöpfers der Feuer atmenden Welten schlägt. Das kleine Menschlein in Gestalt der irdischen Frau atmete die Feuer der Sphären des Universums tief ein und erlangte so die große Wahrheit, die ihr als sterblichem Geschöpf bisher verborgen geblieben war – sie entdeckte ihr eigenes inneres Ich und machte so den Namen der Morgengöttin unsterblich. Das durch die Feuer atmende Herz erlangt beständigen Scharfblick, und es bereitet ihm keine Mühe, über alles im Weltall Existierende im Bilde zu sein. Die irdische Welt atmete weiter wie gehabt, nahm vergängliche Teilchen auf, vermischte Sündhaftes mit Rechtschaffenem und lebte so, wie sie immer gelebt hatte. All das war jedoch die äußere Seite, während sich im Inneren bereits geheimnisvolle Verwandlungsprozesse abspielten, denn die Welt wurde von glühendem Atem erleuchtet. Dafür war die Göttin verantwortlich, die mit einem tiefen Atemzug in den Sphären des Feuers Luft geholt hatte. Von nun an atmete sie ausschließlich durch das Unvergängliche, das die lebensspendende Flamme aus ihrer Brust entlockte – einer Brust, die den Wohlgeruch der entfalteten Knospe der Lotosblume aus ihrem glühenden Herzen verströmte.

3. Der „Fall" der Göttin

Können Götter denn fallen? Straucheln sie hier und da? Kommt es vor, dass sie beim Fallen zerbersten? Ja, Götter, die eine unerreichbare Höhe erklommen haben, können herabfallen, ihr bewusster Fall ist jedoch schlichtweg ein Ausflug in feste Materie – nimmt in den himmlischen Höhen, in denen sie leben, doch alles feinere und subtilere Formen an. So lässt sich der Fall aus Feuer atmenden Sphären in Schichten, die der Vergänglichkeit unterliegen, ausschließlich als Heldentat bezeichnen.

Lakshmi hatte die Begeisterung des Geistes kennengelernt, als sie inmitten glühender Höhen schwebte. Sie hatte so hohe Sphären erreicht, dass allein deren Erwähnung den Atem stocken ließ. Sie entschwand in die Tiefe geheimer Äonen und kehrte Augenblicke später zurück, wenngleich irgendwo im selben Zeitraum Milliarden Jahre vergangen waren. Die Göttin hatte erkannt, was Zeit war und was Zeitlosigkeit. Um zu erfahren, was versteinerte Materie war, beschloss sie, den Blick ihres herzinnigsten Auges auf die Welt fester Formen zu richten. Die Göttin fiel aus unerreichbarer Höhe herab und verband zwei Welten mit einem lichtführenden Faden: die körperliche und die körperlose Welt. Und auch wenn jede Berührung der steinernen Strukturen einen scharfen

Schmerz in ihrer Brust hervorrief, von dem die glühende Knospe der herzinnigsten Lotosblume erzitterte, bereute sie ihr Handeln nicht. Die Welt der groben Formen fügte den äußerst zarten Blütenblättern des Herzens zwar grausame Verletzungen zu, rief aber dennoch keine Bosheit als Antwort darauf hervor. Woher hätte die Göttin der Liebe auch wissen sollen, was das schwarze Böse war und was glühender Hass?! Lakshmis Herz war allein von Liebe erfüllt, daher strömte sie als Reaktion nur das aus, was sie selbst besaß.

Götter fallen ins Tal der Steine, ohne sich in solche zu verwandeln – deshalb sind sie ja Götter. Sie haben nicht die Zeit, mehrere Milliarden Jahre unbeweglich herumzuliegen und jemandem den Weg zu versperren. Die Göttin, die aus dem Wasser gestiegen und als Blume der Ewigkeit an die Ufer der Erde gespült worden war, stieg jedoch aus Liebe zur glühenden Knospe als irdische Blume empor.

Sie verwandelte sich in eine wundervolle Rose, deren fragiler Schössling den festen Boden durchstoßen hatte. Und nachdem sie die Ströme zweier entgegengesetzter Welten ins Gleichgewicht gebracht hatte, trat die unter ihresgleichen Geborene direkt aus der Knospe ins Reich der Menschen. Wer hätte ihr auch feine Gewänder weben sollen, war sie doch in einem Schoß herangereift, der die Struktur der Versteinerung in sich barg? Und dennoch trat die Frucht nicht als steinerner Klumpen, sondern als überaus nachgiebiges und zärtliches Wesen hervor.

Von da an war ein Gott weniger im Himmel und ein Mensch mehr auf der Erde. Natürlich bemerkten die Menschen es nicht einmal, dass jemand in ihrer Mitte erschienen war. Doch als das kleine Mädchen allmählich heranwuchs, zog sie unwillentlich fremde Aufmerksamkeit auf sich. Auch wenn sie sich äußerlich überhaupt nicht unterschied und wie alle anderen zwei Arme und zwei

Beine hatte, ließ etwas Innerliches ihre Zugehörigkeit zu einer anderen Welt klar erkennen. Und dieses Innerliche äußerte sich in erster Linie in ihrem Blick und ihrer zärtlichen Bruststimme, die aus dem Herzen selbst zu kommen schien. Ist man jedoch nicht so wie alle anderen, wird man meistens angeschaut wie eine Missgeburt und nicht wie ein Gott. Die kleine Göttin fing den bitteren Hohn und die anzüglichen Späße auf und verbrannte die Giftpfeile über dem Feuer ihres liebenden Herzens. Sie gab sich jede erdenkliche Mühe, den anderen ähnlich zu sein, doch dafür musste sie ihre frappierende Individualität einbüßen und mit der grauen Einheitsmasse verschmelzen, die die Menschheit bei Tagesanbruch der Entwicklung des Verdichtungspunktes fester Materie darstellte.

Wie sehr man das Göttliche Herz auch peinigt, ist es dennoch nicht in der Lage, die glühende Liebe der Lotosblume zu vergessen, wenngleich die Erinnerung an sie tief verborgen liegt vor den Blicken der Menschen. Das aus der Brust ausströmende Licht lässt sich weder zertreten noch erniedrigen, denn es trägt Göttliche Eigenschaften in sich. Wie soll man das, was einem selbst heilig ist, auch in den Dreck treten, um damit die Launen der umgebenden Personen zu befriedigen?! Ein vergänglicher Körper gehörte der Vergänglichkeit, während die Göttin es ohne Murren zuließ, dass die feindlich gesinnte Welt ihr festes Gewebe berührte und die niedere Materie beschmutzte. Das, was der höchsten Welt gehörte, war jedoch heilig und unantastbar: Die Knospe der herzinnigsten Lotosblume wurde gehütet wie ein Augapfel, und niemandem außer den Göttern war es gegeben, sie anzufassen. Sie allein hatten das Recht, die glühenden Blütenblätter zu berühren.

Alle sieben Jahre erneuerte sich der vergängliche Körper und änderte die Zusammensetzung seiner eigenen

Materie von Grund auf, doch Gleiches bringt Gleiches hervor. Die Materie schien eine andere Zusammensetzung als Ausweg zu suchen, ihr fehlte jedoch ein bestimmter Inhaltsstoff, der es ihr ermöglicht hätte, festere Fäden zu spinnen, die lange Jahre überdauern würden. Indem man auch sie hinter sich zu lassen versuchte, hätte man bereits den Ausweg zur Unsterblichkeit suchen können. Der gewobene Leib ist ein Gewand, das über den glühenden Geist gestülpt wird und aus Asche und Staub besteht. Asche und Staub gehören nicht den Göttern, daher konnte auch die Göttin nicht nach eigenem Ermessen über ihren Körper verfügen. Der Leib gehörte der irdischen Welt, welche ihre eigenen Gesetze auferlegte und alles den Prinzipien der herrschenden Materie unterordnete. Die Göttin hätte rasch eine Verfeinerung ihrer Form herbeiführen und in den Himmel entschwinden können, doch sie war nicht dazu berechtigt; ihre Bestimmung bestand darin, den Weg eines einfachen irdischen Wesens von Alpha bis Omega zu durchlaufen und sich der Wirkung der vergänglichen Ströme auszusetzen. Zum Menschen zu werden und gleichzeitig Göttin zu bleiben, ist überaus kompliziert. Eine solche Aufgabe wird jedoch nicht einfachen Menschen auferlegt, sondern Göttern. Nur sie können nämlich durch ihre beispiellose Heldentat einfachen Menschen dabei helfen, zu Göttern zu werden. Und selbst die irdische Materie fängt an, sich in den Dienst dieses hehren Zieles zu stellen: Alle sieben Jahre und Stufe um Stufe unterzieht sie sich einer grundlegenden Erneuerung ihrer selbst.

War die Göttin denn ausreichend tief gefallen? Ja! Der Punkt ihrer Herabkunft in die Materie lag tiefer als bei allen Göttern zuvor. Sie hatte Schichten mit einer solchen Dichtheit erfahren, dass selbst die irdische Materie schockiert war. Das von den Schraubstöcken der

Finsternis bedrängte Herz der Göttin hielt nur deshalb stand, weil die Knospe ihrer glühenden Lotosblume mit noch stärkerer Göttlicher Kraft heranwuchs. Haben die Herzen der Menschen die Wahrheit, dass mit dem Fall der Göttin ihr eigener Aufstieg einhergeht, auch vollauf begriffen? Denn so reihen sich die Stufen des Aufstiegs auf der Göttlichen Evolutionsleiter aneinander. Die Götter steigen empor, indem sie durch ihr Fallen eine weitaus größere Höhe erreichen als zuvor. Und an dieser Wahrheit können lediglich diejenigen zweifeln, denen ein Dasein als Gott nicht gegeben ist.

KAPITEL IV

1. Das Reich der Menschen

Wenn ein Bein auf die Erde tritt, vergisst man zwangsläufig, wer man ist, und erinnert sich allein daran, ein Mensch zu sein. Ein zweibeiniges und zweiarmiges Geschöpf Gottes, ohne Flügel, blind und taub für den Himmel, und es muss einen Weg durchlaufen, der sich kaum vom Leben eines Kriechtiers unterscheidet. Nicht umsonst wählen die in die Geheimnisse des Lebens Eingeweihten das Symbol der Schlange als Zeichen besonderer Weisheit. Natürlich wird ein Blinder kaum in der Lage sein, das herzinnigste Auge dauerhaft auf das Ziel zu richten, ohne den Blick vom zu erreichenden Orientierungspunkt abzuwenden und den Körper beim Kriechen in schwindelerregende Höhen in Stücke zu reißen. Doch der Mensch steht über den Kriechtieren; folglich hat er verglichen mit jedem beliebigen Wesen, das auf einer tieferen Evolutionsstufe steht, auch weitaus mehr Möglichkeiten, sein Ziel zu erreichen.

Der Mensch ist der Gebieter über alle Reiche der irdischen Natur und die Krone ihrer Schöpfung. Ihm wurde die höchste Macht über jedes Geschöpf Gottes zuteil, das sich zur menschlichen Stufe hin ausstreckte. Doch die Macht, die in erster Linie ein Opfer voraussetzte, zeigte ihre Kehrseite: Der Mensch wurde kein leiblicher Vater, sondern ein grausamer Despot. Und so setzte er sich in Gegensatz zu allen tieferen Reichen, etablierte den Geist der Feindseligkeit und brachte sowohl im Reich der Pflanzen als auch im Reich der Tiere seine Saat bösartiger Überlegenheit aus. Die Steine waren in Schlaf versunken, und ihr Atem, welcher dem Atem des Todes glich, brachte ihre völlige Gleichgültigkeit gegenüber dem zum Ausdruck, was in der Welt geschah. Für das Reich der Mineralien war die Stunde des Erwachens noch nicht gekommen, und nicht immer sollte man Schlafende in ihren Träumen stören, da noch nicht bekannt ist, wie sie sich nach dem Aufwachen verhalten werden. Doch der Mensch stand auch hier nicht über allen Dingen. Er fing an, sich derart grob in Vorgänge einzumischen, die sich in sämtlichen tiefer stehenden Reichen abspielten, dass die Kräfte der Natur in Aufregung gerieten und sich gegen ihn wandten. Und so verwandelte sich der Mensch allmählich vom Gebieter in einen Sklaven, über den alle erweckten Naturgewalten zu herrschen begannen.

Im Reich der Menschen regierte zunehmend das Chaos. Es gelang ihnen nicht, die über die Ufer getretenen Naturgewalten zu bändigen. Sie wurden zu Geiseln ihrer eigenen Verfehlungen. Wie war es möglich, den verloren gegangenen hohen Status zurückzugewinnen und alles Aufrührerische dem eigenen Willen zu unterwerfen?! Der Traum von Ruhe und Frieden blieb unerfüllt, als dem Menschen klar wurde, dass er über dem Schlund eines erwachenden Vulkans lebte, der hinsichtlich seiner zerstörerischen Kraft alles Bisherige in den Schatten stellte. Wie konnte man an die Zukunft denken und diese bauen, wo doch nicht einmal bekannt war, auf welcher Seite das aufrührerische Feuer aus dem Untergrund durchbrechen und den Bau mit seinen heißen Flammenzungen hinwegfegen und ausradieren würde?! Und konnte der Mensch zumindest irgendwie versuchen, mit den anderen Naturgewalten eine gemeinsame Sprache zu finden, so war dies beim Feuer so gut wie aussichtslos. Das Feuer diktierte seine Bedingungen – mit ihm konnte man nur in der Sprache des Herzens sprechen. Also musste der Mensch diesem Organ besondere Beachtung schenken, denn es war allein in der Lage, die Naturgewalt des Feuers zu bändigen, dem alle übrigen Naturgewalten untergeben waren. Wechselseitiges Verständnis für einen ebenbürtigen Verbündeten an den Tag zu legen bedeutete, die Macht über die ganze Welt wiederzuerlangen. Und dieser Gedanke schwirrte bereits unablässig in den Köpfen der Menschen umher.

„Gott hat dem Menschen die Macht über jedes seiner Geschöpfe gegeben", führten die Chronisten emsig auf unsichtbaren Schriftrollen aus, während sie im Geist den Aufbau der bestmöglichen Gesellschaft skizzierten. Die Menschen wünschten sich zwar Glück für alle, hatten aber selbst nur eine vage Vorstellung davon, was wahres Glück überhaupt war. Und während sie es dem eigenen Modell entsprechend konstruierten, begannen sie alles niederzureißen, was zuvor seinen festen Platz eingenommen hatte und durch harte Arbeit errichtet worden war. Nur selten kam es vor, dass ein Bewusstsein mit einem anderen zu einer gemeinsamen Übereinkunft kam und mit diesem in gegenseitigem Verständnis der Herzen verschmolz. Die Menschen versuchten bereits, Macht über ihre Mitbrüder auszuüben, ohne zu begreifen, dass ihnen die jeweils gleiche Macht von Gott zugeteilt worden war, der nur selbst über das Reich der Menschen herrschen konnte. Sein zweibeiniges Geschöpf versuchte jedoch, sich selbst auf den Thron zu erheben, auf den es indes nie ein Recht gehabt hatte. Der Mensch setzte sich nicht nur in Widerspruch zu den tieferen Reichen, sondern auch zum Höchsten, dessen Leitung allein in Gottes Macht stand. Und so fand er sich wie ein winziges Korn zwischen zwei Mühlsteinen ein. Und bei wem hätte er sich hier beschweren sollen, hatte der Mensch sich diesen Platz durch seine eigenen Taten doch selbst bestimmt.

Was blieb ihm da übrig: Sollte er zu Staub zerfallen oder versuchen, einen Ausweg aus der entstandenen Situation zu finden?! Einen Weg zurück gab es nicht: Dort war zu viel Bosheit gesät und zu viel unschuldiges Blut geringerer Mitbrüder vergossen worden. Nun herrschte dort ein Gesetz, nach dem „Auge um Auge" galt, und nicht nur „Zahn um Zahn". Sich von den Vierbeinern in Stücke reißen zu lassen und damit die Möglichkeit einzubüßen, weiterhin auf zwei Beinen zu stehen, stellte ein wenig attraktives Los dar. Doch ebensowenig konnte der Mensch mit seinen noch nicht ausgewachsenen Flügeln emporsteigen und die Sphären der Engel berühren, bevor er den höchsten Wesen ähnlich geworden war. An einem Ort zu verharren, bedeutet allerdings, den Rhythmus der Fortbewegung einzubüßen und – vereinfachend gesagt – durch Treten auf der Stelle in tiefere Schichten einzusinken oder zermalmt zu werden von der Kraft der Titanen, die im Kampf um das Gotteskorn aufeinandertreffen. Und wenn weiter unten der unvermeidbare Tod lauert, bleibt nichts anderes übrig, als auf himmlische Barmherzigkeit zu hoffen. Bekommen wir denn nicht aus Barmherzigkeit und Mitgefühl den Hinweis von oben, dass die Göttlichen Höhen nicht zu erreichen sind, wenn der Samen Gottes in uns nicht aufgeht? Und dass wir nicht durch die Feuer der lodernden Sphären atmen können, wenn wir nicht selbst über ein glühendes Herz verfügen, das in der Lage ist, die geheiligte Flamme aufzunehmen? Der Himmel verweist allein auf das Herz als rettenden Brennpunkt; es lohnt sich also, den Blick darauf zu richten, ansonsten wird das ganze Wesen zu Staub, wenn es ausschließlich aus vergänglicher Materie besteht. „Retten kann nur das Herz! So wahr Gott will!“, zog der unbekannte Chronist Resümee, nachdem er diese einfache Wahrheit in die Gesetzestafeln der Ewigkeit eingeritzt hatte.

Unergründlich ist der Mensch in seiner Zweiheit. Er hängt zwischen der höchsten und der tiefsten Welt am Kreuz. Er gleicht der Knospe der Lotosblume, die bis zur Brust im Schlamm steckt und die weit geöffneten Blütenblätter ihres Geistes dem Himmel entgegenreckt. Sie ist an zwei Orten zugleich. Reißt man die Knospe aus dem Wasser, geht sie auf der Stelle zugrunde. Taucht man die auf der Wasseroberfläche aufgegangene Blume unters Wasser, richtet man die ganze Pflanze ebenso zugrunde. Der Mensch ist eine Lotosblume! Und als Erste hatte dies natürlich die Göttin begriffen, die aus der Knospe getreten war, welche auf der Oberfläche des irdischen Wassers aufgegangen war. Wie ein Blumenbeet, das sich in Form entfalteter, zarter Lotosblumen über die grenzenlose Weite der Wasserflächen ausgebreitet hatte, präsentierte sich das Reich der Menschen dem Herzen der schlichten Frau, in deren Brust das Feuer atmende Herz einer Göttin pochte.

Lakshmi, die ihren Namen vergessen hatte, wurde zu einem einfachen Menschen und verlor sich in der Menschenmenge wie eine winzige Erbse. Sie war nirgendwo zu sehen, und ihr bezauberndes Licht ließ sich mit irdischen Augen nicht ausfindig machen. Und die Götter konnten die Lotosblume ihres glühenden Herzens aus dem Grund nicht berühren, da Sie den Willen eines einfachen Erdenmenschen heilig halten und sich nicht in sein Leben einmischen, solange kein Ruf des Herzens nach Ihnen ertönt. Gott bleibt Gott, und Sein Platz ist inmitten anderer Götter im Hort der Sterne. Bist du aber ein Mensch, so bist du inmitten anderer flügelloser Menschen zuhause. Dort fühlst du dich unter deinesgleichen, selbst wenn du ein Gott bist. Den Menschen ist es nicht gegeben, von dir zu wissen, solange dies nicht Gottes Wille ist!

2. Die Philosophie der irdischen Götter

Mensch zu sein, anstatt einer zu werden, ist keineswegs eine leichte Aufgabe – nur ein Gott, der in einen menschlichen Leib gefallen ist, ist ihr gewachsen. Als irdisches Geschöpf ist man jedoch verpflichtet zu vergessen, wer man zuvor war, ansonsten kann man kein guter Mensch im eigentlichen Sinne des Wortes werden. Wozu sollte ein Gott in den Abgrund der Unvollkommenheit eintauchen, wo Er doch die Krone der Vollkommenheit darstellt? Um die Götter in dieser Frage zu verstehen, kommt man allerdings nicht darum herum, selbst ein Gott zu sein. Ja, die Götter sind zu Göttern geworden, doch kann jeder von Ihnen auch Mensch werden? Das ist doch die Frage ... Würde es Ihnen gelingen, alle verborgenen Merkmale Ihrer Göttlichkeit in einem zweibeinigen Geschöpf zu bewahren und alles Niedere auszumerzen, um sich nicht in ein vierbeiniges Wesen zu verwandeln, wenn Sie einen Augenblick lang vergäßen, dass Sie nicht nur Menschen, sondern Gottmenschen waren?

Was könnte Gott vergessen, wenn Er einen vergänglichen Leib erlangte? Vor allem, dass Er ein Göttliches Wesen ist – die Krone der glühenden Natur! Einem flügellosen Wurm gleich, muss Er nun mit allen ähnlichen Mitbrüdern auf den Stufen der evolutionären Entwicklung emporsteigen. Als Fleisch und Blut des Menschenreichs zeigt sich Gott, der das Los der – nennen wir sie beim Namen – stumpfsinnigen Wesen vollauf zu teilen bereit ist, indem Er zu einem von ihnen geworden ist. Das Urteilsvermögen der Würmer in seiner gesamten „Tiefe" kennenzulernen, sich für ihre Philosophie zu begeistern und dabei das Leuchten der universellen Weisheit zu vergessen, ist das Los der Götter, die kraft Ihres freien Willens ein menschliches Schicksal gewählt haben. Worin besteht der Reiz, ein Wurm zu sein, wozu sollte man den Leib, der die Krone der Göttlichkeit erreicht hat, in den Staub treten, weshalb die glühenden Flügel hinter dem Rücken zu einem festen Knäuel verbinden, sodass sie einem zur Last fallen wie ein Höcker, den man im Laufe der Millionen oder gar Milliarden Jahre währenden irdischen Existenz mit sich herumschleppen muss? Die irdische Philosophie, die nicht über die Gabe Göttlicher Sehkraft verfügt, ist nicht in der Lage, diese Frage zu beantworten. Sie kann jedoch versuchen, durch Eindringen in die Philosophie der irdischen Götter den Schleier des Geheimnisses zumindest ein wenig zu lüften.

Um sich ein gesundes Urteilsvermögen ohne Anflug von „Kriechertum" anzueignen, sollte man über Göttlichen Scharfblick verfügen und geduldig dem Faden des lichtführenden Knäuels folgen, der sich während des eigenen eiligen Laufes abwickelt. Haben doch die in riesiger Zahl herabgefallenen Götter einander das feste Wort gegeben, dass in dem Moment, in dem der Erste von ihnen erwachen würde, ein Impuls an die Welt abgegeben werden sollte mit dem Potential, die Übrigen aus ihrem tiefen Schlaf zu reißen. Kaum sinkt man nämlich in den Schlaf und taucht tief ein in Traumbilder, in die Welt der Maya, da beginnt die feste Materie zu versteinern und spannt den Göttlichen Keimling, der in der Brust heranwächst, dauerhaft in den Schraubstock. Steht es dem leichtfertigen Gedanken etwa zu, die Stirn des erkalteten Steins mit Furchen zu überziehen? Die versteinerte Philosophie bleibt sogar hinter der der Kriecher zurück, auch wenn sie sich mit einem Anflug irdischer Weisheit schmückt, während die Philosophie der Kriecher weit entfernt ist von der rein menschlichen – von der Göttlichen einmal ganz zu schweigen. Also folgen wir dem kleinen Knäuel, das durch seinen lichtführenden Faden einen Pfad verlegt, auf dem der menschliche Gedanke, der seinerseits im Bewusstsein der irdischen Götter schwebt, voranschreiten kann.

Vor allem die Erfahrung dient als Grundlage menschlicher und Göttlicher Erkenntnis. Und werden die grundlegenden Entwicklungsgesetze, die die sich windend voranschreitende Evolution beherrschen, endlich auf höchster Ebene erkannt, so erscheint dem Analogiengesetz zufolge, das weiterhin Stufen nach oben verlegt, schließlich alles bekannt und verständlich. Besteht jedoch auf einmal die Möglichkeit, durch bewussten Abstieg auf den Stufen der Involution den eigenen Erfahrungsschatz zu erweitern, so haben die Götter das Recht, sich durch Eintauchen in dissonante Schichten selbst auf die Probe zu stellen, um die Kraft der Göttlichen Harmonie selbst an den undenkbarsten Stellen zu bestätigen. Der Kosmos kennt weder oben noch unten, und in welche Richtung man auch schreitet – man kann immer eine hohe Stufe emporsteigen. Vögel werden nicht im Flug geboren und breiten ihre Flügel erst dann aus, wenn sich ihre innere Kraft auf dem Festland herausgebildet hat, das ihnen bei ihren Flügen als Ausgangspunkt dient. Genauso ist es den Göttern, die frei wie Vögel geboren werden, gegeben, die eigenen Flügel mit ihrer ganzen glühenden Leuchtkraft zu offenbaren, bevor Sie sich von der Erde abstoßen und Ihren ewigen Flug antreten. Ein Stützpunkt ist in allen Dingen von größter Wichtigkeit, er lässt sich aber nur durch Erfahrung erlangen, indem man in der Erkenntnis ein Modell eines Flugapparats konstruiert und ihn anschließend auf dem Flugfeld testet.

Der vom Schöpfer der Welten zur Verfügung gestellte Übungsplatz ist einfach großartig, und etwas Prächtigeres lässt sich im gesamten Universum nicht finden. Der Kleinste von allen zu sein und sich gleichzeitig einen Kopf größer zu fühlen als die Übrigen – dies ist das Los des Gottmenschen. Hier werden sämtliche menschlichen Eigenschaften auf die Probe gestellt, bevor die Keimlinge der Göttlichkeit im Inneren heranwachsen dürfen. Wer die Prüfung bestanden hat und sich mit Fug und Recht Mensch nennen darf, kann dem Gott direkt in die Augen blicken, der sich hinter einer Hülle aus menschlichem Fleisch in ihm verbirgt. Dem flügellosen Menschen, der die Sehnsucht nach Engelsflügeln tief im Herzen verborgen hält, steht es bevor, Hand in Hand mit dem Göttlichen emporzusteigen. Und um dem Zustand der Allmacht näherzukommen, ist es an dieser Stelle unumgänglich, das Höchste das Niedere aufnehmen zu lassen und dabei sämtliche Züge eines menschlichen Antlitzes zu wahren. Ja, die Wege der Verwandlung des Höchsten sind wahrhaft unergründlich!

Irren ist menschlich, ein Gott hingegen hat kein Recht auf Fehler, auch wenn Er sich in menschlichem Leib aufhält – an Ihn wendet man sich nicht wie an einen Menschen, sondern wie an einen Gott. Der umherirrende Verstand versucht, größtmöglichen Schaden anzurichten, indem er die Philosophie der Kriecher hartnäckig im Bewusstsein verankert; auf ihrer Asche ragt bereits ein monumentales Bauwerk empor, versehen mit dem Göttlichkeitszeichen des denkerischen Genies. Und die Glut des inneren Kampfes, der seinen Höhepunkt erreicht hat, bestimmt das Schicksal desjenigen, der noch kein Gott, aber auch kein Mensch mehr ist. Das Zwischenglied ist überaus gefährlich: In diesem Zustand kann man in den Abgrund stürzen, wenn es nicht gelingt, an zwei gegenüberliegenden Ufern Halt zu finden. Dann beginnen der Dreck, der Schlamm und das Heranreifen der Knospe im Schoß des Göttlichen Samens, der keinen Untergang kennt, von vorn. Ein Gott wendet Milliarden Jahre auf, um von einer Blume ins Reich der Menschen emporzusteigen und von dort auf die Stufen der Göttlichkeit zuzuschreiten. Die Frage der Fragen lautet nun: „Weshalb tut Er sich das an?" Schaut man jedoch der Lotosblume beim Wachsen zu, so erschließt sich, auf welchem Wege sich die Knospe der Göttlichkeit entfaltet. Je tiefer die Wurzeln in die übel riechenden Schlammschichten eindringen, umso stabiler wächst der Stängel und umso intensiver duften die Blätter der Lotosblume, die in Richtung des Herzstücks der Feuer atmenden Sonne aufgeht. Die Blume wählt mit absoluter Sicherheit den Boden aus, der besonders günstig für sie ist. Genauso wählt Gott, der kein Recht auf das Begehen von Fehlern hat, entschieden die Sphären aus, auf denen sich die Lotosblume des glühenden Herzens in ihrer vollen und prächtigen Herrlichkeit entfalten kann.

Die Philosophie der irdischen Götter ist das grundlegende Prinzip des glühenden Samens, der die herzinnigste Lotosblume lebendig macht. Die Philosophie der irdischen Götter widmet sich der wissenschaftlichen Erschaffung von Ewigem aus Vergänglichem durch Verwandlung des Menschen in den Gottmenschen. Die Philosophie der irdischen Götter bestärkt den Samen der Göttlichkeit in allen Schichten der lebendigen Natur. Nicht zum Philosophieren aber betreten die Götter den irdischen Boden, sondern um durch die Heldentat des Lebens und durch übermenschliche Anstrengungen Bedingungen zu schaffen, mit deren Hilfe jeder Mensch zu einem Gott werden kann. Die Götter durchlaufen den Weg der Menschen, damit die Menschheit den Weg der Götter durchlaufen und auf den Stufen der Herrlichkeit der Sterne emporsteigen kann wie der Stängel der Lotosblume, der sich durch die Dichte des undurchdringlichen Wassers hindurch zum lebensspendenden Feuer ausstreckt. Und so erfüllt sich das Göttliche Schicksal der Menschen durch diejenigen, denen es in ihrem Menschsein dennoch gelingt, ein allmächtiger Gott zu bleiben.

3. Der Nektar Shivas

Zornig erscheint der drohende Gott Shiva. Fürchtet man Ihn nicht deshalb so sehr im Reich der Menschen, weil Er jedem das zurückgibt, was der Mensch durch die Kraft seines eigenen Gedankens erschafft? Und was kann ein unvollkommener Mensch schon hervorbringen außer Schmutz und Lügen, die er nach allen Seiten verstreut, um alle zu besudeln, die ihm auf seinem Weg begegnen? Dem schiebt Shiva einen Riegel vor, damit jede Ausgeburt der Menschen nach dem Aufprall auf ein unsichtbares Hindernis wieder genau zu ihrem Absender zurückkehrt. Natürlich wird Shivas Handeln dem einen oder anderen gegen den Strich gehen, doch man sollte auch Verständnis für Ihn aufbringen – was soll Er mit dem Dreck im Himmel, wenn dort jungfräuliche Reinheit herrscht! Und so ist Er unablässig damit beschäftigt, die „Gaben“ zurückzugeben, die Ihm keinen Nutzen bringen. Dabei schickt Er den Schenkern folgenden Gedanken voraus: Was man für andere bereithält, sollte man zunächst selbst am eigenen Leib erfahren. Und weil das von Ihm hundertfach Vergoltene nicht so recht mundet, macht Er einen so zornigen Eindruck.

Die Menschen waren schockiert, als sie zum Himmel sahen, aus dem Blitze und Donner ausgespeit wurden. Sie blickten in den Schlund von Vulkanen, die eine Flamme ausstießen, und baten darum, der Zorn der Naturgewalten möge ihren Feinden auf den Kopf fallen. Doch dort, wo man nur selten zufrieden mit den anderen war und im eigenen Mitbruder einen Todfeind sah, war natürlich nirgendwo Platz für die Saat der Liebe. Und der Gott Shiva, der als Vorbote Dessen diente, der die Welt in der Rolle der höchsten Gottheit betreten und ihr die Ströme der Liebe bringen würde, wusste davon. Mehrere Tausend Hindernisse standen dem Herrscher der menschlichen Herzen im Weg, und um Ihm den Weg zu bereiten, machte sich Shiva daran, die durch das entartete menschliche Denken errichteten Aufhäufungen einzureißen. Jeder schafft sich Gott nach seinem Antlitz. Der Mensch war finster, bösartig, ungeduldig und hatte mehr Interesse an Zerstörung als an schöpferischer Arbeit. Ebenso schuf er sich auch Gott nach seiner Vorstellung und schrieb Shiva beinahe das Abbild eines schwarzen Drachens zu, der aus seinem Rachen eine Flamme ausstößt und aufgereihte menschliche Schädel zu einer Halskette zusammenfügt. Wie sollte man ein solches Ungeheuer nicht fürchten, dessen Thron sich über den Bergen befindet und dessen Macht sich über den gesamten Himmel erstreckt? In den Herzen der Menschen zog Entsetzen anstelle von Liebe ein. Und die Menschen fielen vor der fürchterlichen Gottheit zu Boden, versuchten, Sie mit blutigen Opfergaben zu besänftigen und erklärten sämtliche Gräueltaten zu Eifer im Dienste des Himmels.

Wie ein krummer Spiegel verzerrte die missgestaltete Welt Gott und hob Ihn durch die ungeheuerliche menschliche Vorstellungskraft auf den Sockel der Macht. Shiva lebte hinter einer Feuerwand, die Ihn gegen alles abgrenzte, was auf der Erde geschah. Er durfte sich nicht in den freien Willen der Menschen einmischen, selbst wenn dieser sie in den Untergang führte. Gott hatte einen riesigen Spiegel geschaffen und ihn auf die Menschen gerichtet, sodass sie sich darin sehen konnten. Doch als sie in die Tiefe des Himmels blickten, war den Menschen nicht klar, dass sie sich in den unvoreingenommenen Formen darin sahen, die Göttern zugewiesen werden. Die erdnahen Sphären schwollen durch die Schwere der Gedankengebilde an und stürzten hinab, da sie der eigenen Masse nicht länger standhielten. Und sofort häufte man erneut eilig Missbildungen an, indem man dem „zürnenden" Gott Shiva Opfer brachte. Unsichtbare Klumpen geronnenen Blutes verklebten das menschliche Denken – es war finster, niederträchtig und kaum dafür geeignet, als Denken im wahrsten Sinne des Wortes bezeichnet zu werden. Dennoch mussten die Menschen die Kraft ihrer Hervorbringungen am eigenen Leib erfahren, denn nur so konnten sie ihren Erfahrungsschatz erweitern – wenn auch in schmerzhafter Form. Shiva achtete sorgfältig darauf, dass jede noch so bittere Frucht, die eine bestimmte Tat hervorbrachte, genau von demjenigen verzehrt wurde, der sie großgezogen hatte.

Das Böse schien anzuwachsen. Es fand keinen Ausweg aus dem Trennnetz, das die Welt wie ein spiegelnder Schleier umhüllte – sie war wie von einer Schale umgeben. Diese Vorsichtsmaßnahme ermöglichte es jedoch, das Böse innerhalb der Grenzen des Planeten zu verorten. Unbewegt presste Shiva den erdnahen Ring zusammen und verdichtete so die ohnehin festen Anhäufungen der niederen Schichten bis zum Gehtnichtmehr. Giftige Dämpfe vernebelten die Sinne, und der von illusorischen Visionen aufgewühlte Verstand suchte einen Ausweg und stürzte sich auf der Suche nach Schuldigen am eigenen

Unglück auf seine Nächsten. Der Mensch musste den Erzeugnissen, die er produziert hatte, direkt in die Augen blicken. Shiva versuchte, den reinen Spiegel immer näher heranzuführen, damit jeder sein wahres Abbild darin erblicken konnte. Dieses war von solchen Heerscharen der Hölle umgeben, dass man bei seinem Anblick erschaudern musste. Die durch das menschliche Denken produzierte Saat brachte die Zeit der Ernte näher. Jeder wurde auf sein eigenes Feld gestellt, um mit eigenen Augen Zeuge dessen zu werden, was er selbst geschaffen hatte, ohne sich dessen bewusst zu sein. Nun war die Zeit gekommen, in der der Strahl Shivas in der Welt erscheinen sollte, um alles Aufgetürmte auszuleuchten und das, was zum Leben geeignet war, einer Prüfung zu unterziehen. Der Strahl Gottes lässt nur die Bauten unberührt, die durch die Ströme der Unsterblichkeit errichtet wurden und nicht der Vergänglichkeit unterliegen. Denn wie soll man den Boden reinigen und auf die nächste Saat vorbereiten, ohne das wegzuräumen, womit er überladen ist?! Bevor der Staub ihn düngen kann, muss die gesamte Materie, die als Stein des Anstoßes den neuen Weg versperrt, bis ins kleinste Teil aufgespalten und in Staub verwandelt werden. Eine mächtige, zerstörerische Kraft hielt Einzug in die Welt und diente als Vorbote der schöpferischen Kraft. Das alte Gerüst begann einzustürzen und zu Staub zu zerfallen, worin die kleinen Menschlein den Höhepunkt des strafenden Zorns Shivas sahen. Sie blickten auf den von ihnen geschaffenen Abgott und hatten keine Vorstellung vom wahrhaftigen Antlitz dessen, der als oberste Gottheit so lange regierte, wie das Denken der Menschen in den Tiefen des verirrten Verstandes heranreifte.

Shiva erteilte der ganzen Menschheit lediglich eine Lehre und hielt die Fristen ein, die Ihm von der Zeit gesetzt worden waren. Bitter war der Nektar der von Ihm dargereichten Schale, den die Menschheit selbst vorbereitet hatte. Shiva hatte ihm nichts Eigenes hinzugefügt, da Er den aufrichtigen Wunsch hatte, von der Flüssigkeit zu trinken zu geben, die Er aus dem zum Opfer gebrachten Herz der Menschen erhalten hatte. Ja, die Menschen opferten ihr Innigstes – sie warfen ihre Herzen auf den Opfertisch und versuchten, die darin enthaltenen Lichtfunken zuliebe des hochmütigen Verstandes auszulöschen. Eine mit Blut gedüngte Träne des Herzens fiel in die Schale. Und wie immer gab Shiva jedem das Seine zurück zur Belehrung der Seelen, die fortan nicht durch den Verstand, sondern durch das Herz leben. Um die Menschen aufzuwecken, zeigte Shiva sein Antlitz – ohne jeden Anflug von Leidenschaft bot er die Möglichkeit, in seinem Abbild das wahre Antlitz des Menschen zu erblicken, der Gott von Angesicht zu Angesicht gegenübergestanden hatte.

Wer aber ist Shiva? Zerstörer oder erster Baumeister, der eingetroffen ist auf dem Bauplatz, um den Boden nach Bereinigung des Geländes auf das Legen des Fundaments vorzubereiten? Sehen Sie sich denn als Zerstörer, wenn Sie die Wände eines verfaulten Gebäudes dort abtragen und entfernen, wo künftig ein neues Haus stehen soll? Kann man etwa auf morschem Holz bauen, das in Staub zerfällt, oder muss man es zuerst wegfegen, um eine stabile Grundlage zu erhalten? Wer kennt Shivas Geheimnis? Wer begreift den zerstörerischen Gott, der sein Werk im Namen des Schöpfertums verrichtet? Wer erblickt das Siegel unbeschreiblicher Schönheit auf Seinem Antlitz und reißt Ihm die scheußliche Maske ab, die über Seine von schrecklichen Verleumdungen geschaffene Gestalt gezogen ist? Wo bist Du, Shiva? Zeige dich der Menschheit doch wenigstens in der Stunde des Abschieds von ihr! Vielleicht gelingt es vielen, die die königliche

Schönheit Deines Göttlichen Antlitzes zu Gesicht bekommen, mit dem Herzen zu sehen. Vielleicht zerstören sie dann sämtliche Fesseln, die ihre Körper umwickelt und ihren Verstand eingeschnürt haben! Du hast ihnen die erste Wahrheit offenbart und gezeigt, dass alles zerstört werden muss, was entartete Formen aufweist und der Ströme der Unsterblichkeit beraubt wurde. Du bist der Gebieter, der die Wurzeln der Menschheit in der Tiefe des übel riechenden Schlamms auf jede erdenkliche Art gestärkt hat. Als Erster hast Du die Last der festen Materie fühlbar gemacht und auf jede Art und Weise zur Entdeckung ihrer neuen Eigenschaften beigetragen, indem Du nach und nach vergängliches Gewebe zerstört hast. Als Einziger hast Du dich gefreut, als die Kraft des zerstörerischen Strahls auf etwas Unerschütterliches gestoßen ist, denn Du wusstest, dass Du im Namen solch unzerstörbarer Pfeiler himmlisches Recht in irdischen Sphären vollziehst. Gesegnet sei Deine tötende Kraft, denn ihr ist es zu verdanken, dass die Materie eine Hülle schaffen konnte, die die Ströme des Lebens durch die Berührung Deines Göttlichen Strahls noch stärker zu versprühen beginnt.

Shiva! Stellst Du Dich in den Schatten, um Deinem Nachfolger das Zepter der Macht zu übergeben? Es gibt nichts mehr zu zerstören, denn die Bauten der alten Welt wurden bereits hinweggefegt. Baufälliges hat nicht einmal im Verstand der Menschen Platz, dient der Verstand doch als Sprachrohr der Weisheit des Herzens. Dem Atem einer Sommerbrise gleich, die die Stange des Friedensbanners, das inmitten der vonstattengehenden Baumaßnahmen aufgestellt wurde, zum Abschied auf ihre Stabilität hin überprüft, eilst Du davon. Weshalb musst Du fortgehen, wo doch so viel Liebe in der Welt vergossen wird und das erneuerte herzinnige Denken Dir ein angenehmeres Antlitz verleihen kann?! Deine Zeit ist abgelaufen. Du musst den Bauplatz verlassen und das Recht, das Fundament des Tempels der Liebe bauen zu dürfen, an den nächsten Bauherrn weitergeben; des Tempels der Liebe, wo die Herrlichkeit des Gottes besungen wird, dessen Name man nicht mit Zerstörung, sondern mit Schöpfertum in Verbindung bringen wird. Gesegnet sei Dein Nektar, Shiva – seinem Verzehr haben die Herzen der Menschen die Erkenntnis und das Empfinden erhabenen Durstes zu verdanken – des Durstes nach Göttlicher Liebe. Du hast den Wurzeln Nahrung gegeben, doch nachdem sie die Bitterkeit des Gifts aufgesogen haben, heben sie die wunderbare Knospe zu den glühenden Sphären empor, die bereit sind, inmitten wohlriechender irdischer Gewässer als Garten Shivas zu erscheinen. Wo bist Du, geliebter Gott Shiva, der Du es aus Liebe zu den Menschen zugelassen hast, dass sich ihr Zorn über Dich ergießt?! Vielleicht bist Du es ja, der eine andere Seite nach außen gekehrt hat und der Welt nun sein Antlitz in Gestalt Seines Sohnes offenbart, welcher den Thron besteigt. Wer bist Du, Shiva, den wir noch immer nicht ganz verstehen können?! Doch möge das Lüften Deines Geheimnisses auch weiterhin vor uns liegen – wir wissen bereits, dass Du uns niemals gezürnt hast, wann immer Du das gerechte Gesetz der Vergeltung auch im Leben in Kraft gesetzt hast. Du bist genauso unergründlich wie die Lotosblume, deren in dankbaren Herzen gezüchtete Knospe wir zu Deinen Göttlichen Füßen legen. Trink den Nektar unserer Liebe aus, der in Form von Tautropfen auf jedem Blatt der Blume ruht, die sich in voller, von Dir befohlener Schönheit entfaltet hat, o großer Gott Shiva!

KAPITEL V

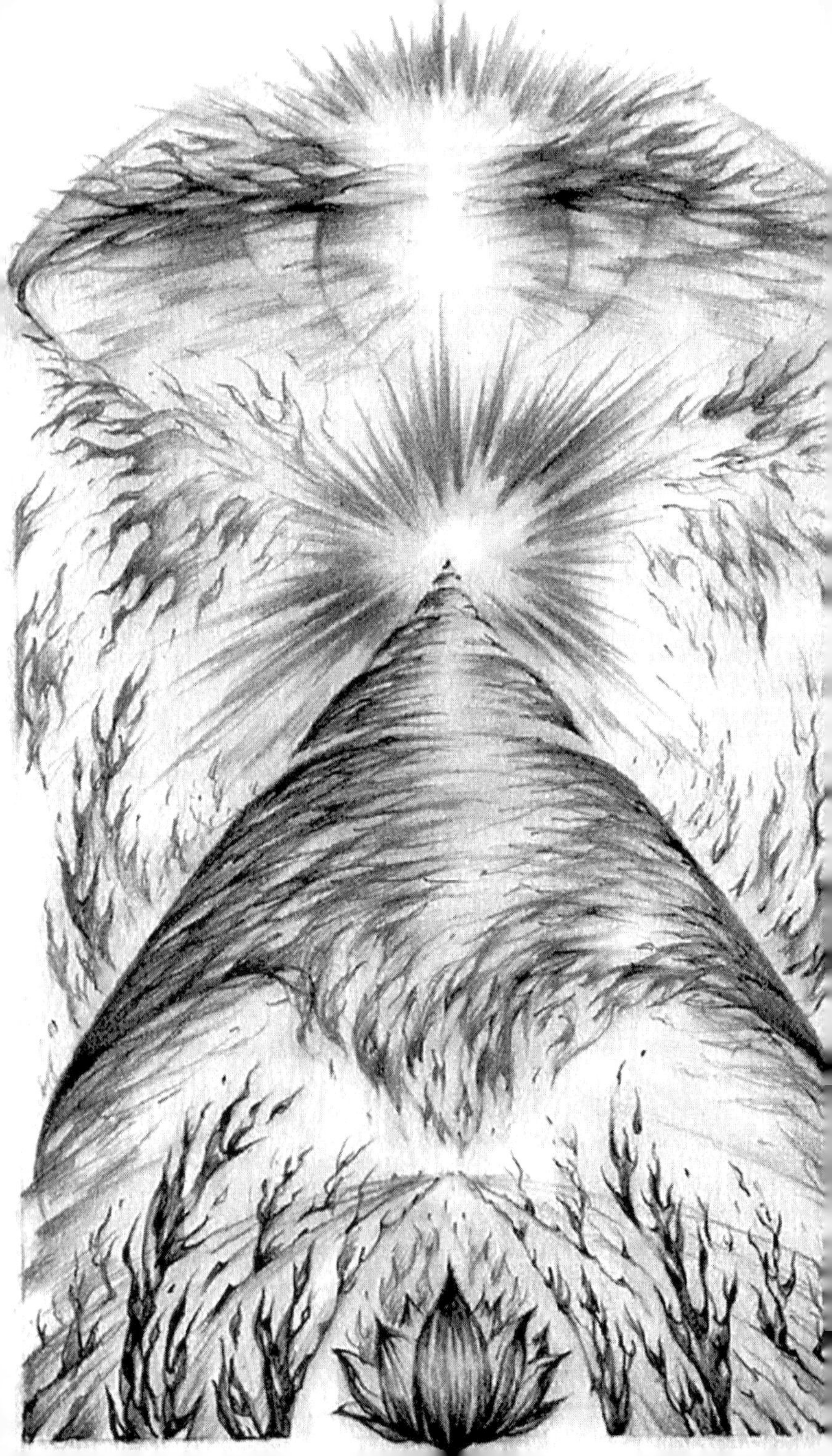

1. Der Aufbau der Lotosblume

Die von Zerstörung heimgesuchte Welt wird nicht ohne Grund zerstört, und den in kosmischen Maßstäben einzig möglichen Grund für diese Zerstörung stellt schöpferische Arbeit dar. Der Schmutz der Zersetzung ist jedoch in der Lage, alles in Staub zu verwandeln, was ihm auf seinem Weg begegnet. So verfault der Samen, ohne einen tauglichen Spross hervorgebracht zu haben, und das Gerüst eines jeden Gebäudes stürzt ein und zerfällt. Nichts kann dem Druck widerstehen, der sich im Schoß des schwarzen Matsches aufgebaut hat. Und dennoch gibt es etwas, das ihm standhält und sogar den übelriechenden Schmutz in wunderbare Schönheit verwandelt, der es wie ein Zauberer oder Magier bezauberndes Licht entlockt. Natürlich handelt es sich dabei um sie: die allmächtige Lotosblume.

Die Blume, die sich feste Wurzeln inmitten von Sphären bewahren konnte, die von Fäulnis und Zerfall heimgesucht wurden, ist jeder Form der Verehrung und Anbetung würdig. Wodurch gelingt es ihr, Widerstandsfähigkeit zu bewahren und nicht in der Frequenz der zerstörerischen Vibrationen mitzuschwingen? Ihre Wurzeln bergen eine besondere Eigenschaft in sich – sie können aus üblen Gerüchen Duft entlocken. Und all dies wird nur dadurch erreicht, dass sie mit der Macht, die ihr vom Feuer gegeben ist, über das Wasser herrschen kann. Die Blume, die die Kraft des himmlischen Wassers in sich trägt und von der Macht der Göttlichen Flamme durchdrungen ist, erscheint tatsächlich als Schützling der Kräfte des Lichts auf der Erde. Und weshalb sollte etwas, dem erhabene Macht zuteil wurde, nicht das fest ergreifen, was ihm gemäß kosmischem Recht ohnehin gehört!? Beständig und tief taucht die Blume ein in Schichten, die ihr anvertraut wurden, um in ihrem finsteren Schoß das Gesetz zu bestärken, welches nach den Prinzipien des Lichts herrscht. Das Licht trägt lichtführende Funken in die Finsternis, um dem Stockdunkel eine noch größere Flamme zu entlocken, die unübertroffen ist in der Herrlichkeit ihres glühenden Blühens.

Das Fundament muss tief in die Erde reichen, damit es die gesamte Masse des darauf errichteten Gebäudes festhalten kann. Daher sind auch die Wurzeln der Lotosblume so tief verborgen, dass die Wasserschicht den als elementare Grundlage dienenden Boden nicht durchschimmern lässt. Die Prozesse, die im Inneren des zu errichtenden Gebäudes heranreifen, laufen im Verborgenen ab und lassen die Personen in der Umgebung in Unkenntnis. Wozu soll man das zur Schau stellen, was sich noch im Formierungsprozess befindet und keine konkrete Form aufweist? Nur ein konkretes Ergebnis dient als offensichtlicher Nachweis für den Abschluss der Baumaßnahmen. Steht hingegen nur das Gerüst, so kann es keine Blicke anziehen und diese mit der Pracht des Bauwerks verzaubern. Alles hat seine Zeit. So beginnt auch die Lotosblume, wie alle irdischen Geschöpfe von unten und nicht von oben zu wachsen, denn die Gebäudekuppel kann nicht vor der Errichtung des Fundaments auf den Boden herabgelassen werden.

Die Wurzeln gewinnen in der Erde an Halt. Damit sich eine stabile Verbindung mit ihr herausbilden kann, muss man spüren, dass es nichts anderes gibt, was in andere Sphären locken könnte. Boden, der einem zur Heimat geworden ist, dringt so tief in sämtliche Poren des Körpers ein, dass er zu einem elementaren Bestandteil der eigenen Person wird. So, wie ein Gebäude eine einzige, ganzheitliche Struktur mit seinem Fundament darstellt, sind auch die Wurzeln elementarer Bestandteil einer ganzheitlichen Form. Und die Erde, welche den grundlegenden Teil des Gebäudes fest umarmt hält, dient wiederum als eine Art Fundament, das durch gemeinsame Anstrengungen bereit ist, die Stabilität der Grundpfeiler zu offenbaren.

Weshalb muss das Saatkorn des Lichts in der Dunkelheit begraben sein? Finsternis und undurchsichtige Schwärze – was ist das überhaupt? Warum muss das eine sterben, um in einer anderen Qualität aufzuerstehen? Alle Antworten sind unter dem dicken Schlamm begraben. Und taucht der lichtführende Samen nicht auf der Suche nach ihnen in die Dunkelheit der tiefsten Hölle ein? Die Lotosblume kennt jedoch die Wahrheit und hat ihren Ursprung daher nicht an der Wasseroberfläche, an der ihre hellen Lichtreflexe funkeln, sondern in der Tiefe, die das mit Erde vermischte Wasser in Schmutz verwandelt hat. Der Lotosblume ist das Verständnis gegeben, dass Dunkelheit unentwickeltes, potentiell verborgen liegendes Licht ist; und zu welcher Existenz die Blume, die ihre Göttlichen Blätter auf der Oberfläche des irdischen Wassers entfaltet wie einen Kranz, auch immer berufen sein mag – nur ein glühendes Wesen wird das Feuer in ihrem Schoß entfachen können.

Wer kann in Sachen Widerstandskraft mit der Lotosblume wetteifern, wenn die Bedingungen etwa dieselben sind?! Wer unterwirft alle auftretenden Naturgewalten der eigenen Macht und bleibt dennoch ein fragiles und zartes Wesen? Ein überaus verwundbares Wesen, das sämtlichen Kräften der Natur ausgesetzt ist und gleichzeitig feste Macht über diese an den Tag legt, ist ein Symbol des Schöpfers. Es unterdrückt niemanden, tut keinen Zwang an und zerbricht nicht; vielmehr errichtet es voller Selbstsicherheit ein eigenes Gebäude, indem es sich gekonnt zwischen den unter natürlichen Bedingungen entstandenen Grundpfeilern hin- und herwindet. Ein erstaunlich harmonisches Wesen, das in der Dunkelheit aufgezogen und im Licht erhöht wurde, geht daraus hervor. Der stockfinstere Schmutz, der den Wurzeln Nahrung gab, während er den elastischen Stängel emporstieg, büßt seine niederen Eigenschaften auf einmal ein und entfaltet sich im höchsten Licht, welches die sittsam reinen Blütenblätter in aller Intensität widerspiegeln. Oh Göttliche Lotosblume, gesegnet sei der Schmutz, der deine Wurzeln genährt hat, denn ohne ihn ließe sich auch die wundersame Krone nicht erblicken, die das Herzstück deiner Knospe prachtvoll bekränzt! Du bist wahrhaft ein Schöpfer, denn dadurch, dass du zunächst dich selbst geschaffen hast, hast du eines gezeigt: Du bist in der Lage, an jedem beliebigen Wesen, das noch immer eingetaucht ist in undurchdringlichen Schmutz, ein Wunder zu wirken.

Liebe Lotosblume, du ernährst dich nicht von Illusionen, sondern der Staub des Zerfalls dient dir als Nahrung. Du bist ein großer Realist! Nur du bist in der Lage, dort ein harmonisches Gebäude zu erschaffen, wo zuvor Disharmonie herrschte. Gesegnet sei dein unsichtbares, lautloses und geheimnisvolles Werk. Du bist das Symbol des Erbauers der neuen Arche, und selbst bist du die Arche, die der Himmel zur Rettung der menschlichen Seelen hinabgesandt hat. Auf deinem über alle Maße erwachsenen Herzstück bist du bereit, die gesamte, nach Rettung dürstende Menschheit an der Oberfläche der irdischen Gewässer zu halten. Du wirst den menschlichen Geist zusammen mit dem planetarischen Körper emporheben, auf dem Wellenkamm des Ozeans der Sterne halten und der großen Mutter das zu Füßen legen, was die Menschheit als Geschenk für die von ihr hinabgesandte Göttin vorbereitet hat, die der irdischen Welt das Symbol der Lotosblume – einer überirdischen Blume – gebracht hat. Ja, gerade die Lotosblume, die ihre Wurzeln im Boden der Erde versenkt hat, hat ein grandioses Gebäude errichtet und mit einer Sternenkuppel gekrönt. Unter dieser werden nicht nur die Götter leben, sondern auch die Menschen, die in die Schar der Götter übergetreten sind, die mit Ihnen verschmolzen sind und die Blätter der Lotosblume bilden, die gleichmäßig von ihrem glühenden Herzstück genährt wird. Gesegnet sei das Sternengebäude, das in alle Ewigkeit errichtet wurde als Symbol des Erbauers und Schöpfers, der den irdischen Sphären in Gestalt der ewigen Lotosblume offenbart wurde!

2. Von Vishnu geborene Götter

Alle Bewohner der Erde wurden Menschen genannt, während man diejenigen, die weiter oben und außerhalb ihrer letzten Sphären in der Tiefe des endlosen Himmels lebten, als Götter bezeichnete. Natürlich büßten die Götter das Recht ein, sich Götter nennen zu dürfen, nachdem sie aus unerreichbarer Höhe hinabgestiegen waren, mit der Menschenmenge verschmolzen und sich in dieser auflösten. Um von einem Menschen zu einem Gott zu werden, galt es jedoch einen langen Weg zurückzulegen und bereits im vergänglichen

Körper die Heiligkeit der Göttlichen Ströme zu bekräftigen. Die Götter konnten nach den Gesetzen der Menschen leben und wurden zu einem Teil eines einheitlichen Wesens; die Menschheit vermochte jedoch nicht nach den Gesetzen der Götter zu leben, was diese tief bedauerten.

Wussten Sie denn, dass selbst die Götter Ihre Götter haben, und dass diese ihrerseits von einem höheren Wesen beherrscht werden?! Die Pyramide der Göttlichen Macht ist so hoch, dass sie sich nicht mit dem Blick eines Sterblichen erfassen lässt. Und natürlich wird die Spitze des Gebäudes vom Geist des Monotheismus gekrönt, welcher die Autorität des einen Gottes ohne Umschweife anerkennt. Dieser eine Gott kann in drei Personen, sieben Aspekten oder gar 777 Formen auftreten. Gott ist allmächtig, wie wir alle wissen. Daher macht es auch keinen Sinn, Seine unbegrenzten Möglichkeiten einzugrenzen und das, was der Verstand nicht greifen kann, aus rein menschlicher Perspektive umgestalten zu wollen. Das Wichtigste, was vom Herzen angenommen werden muss, ist die unbegrenzte Zahl von Stufen auf der glühenden Treppe, und auf jeder dieser Stufen stehen allmächtige Götter.

Auf dem Gipfel einer der Göttlichen Pyramiden thront die Oberste Gottheit, deren Name sogar inmitten derer bekannt ist, die bisher noch keine Götter sind. Doch die Liebe, die Ihr vonseiten aller Götter entgegengebracht wird, ergoss sich in einem breiten Strom über sämtliche Welten und stellte die Aufmerksamkeit des Herzens offen als Brennpunkt heraus. Ohne die unermessliche Liebe verbergen zu können – und ohne dies zu wünschen –, zogen die Götter die Blicke der Menschen auf sich. Nachdem diese das unsichtbare Licht und die Wärme der äußerst zärtlichen Ausstrahlung gespürt hatten, streckten auch sie sich zu Ihm aus wie zur Sonne. Und

Er war wahrhaftig zu einem einzigen Himmelskörper geworden, zu dessen Feuer atmendem Herzen sich alle lebenden Wesen ausstreckten.

Die glühende Herrlichkeit breitete sich aus, und mit ihr wuchs auch die Göttliche Macht. Die schwachen Beine des Throns werden einstürzen, da sie dem Druck nicht standhalten, wenn sie nicht gestärkt werden. Die Pyramide hält alle oberen Etagen im Gleichgewicht, wenn die unteren gründlich verlegt sind und über stabilen Halt verfügen. Kommt aber der Boden ins Wanken, auf dem das Gebäude errichtet wurde, dann stürzt alles ein und zerfällt in einzelne Teile. Die Pyramide Vishnus stand besonders stabil, denn Er zweifelte nicht an den Göttern, die die Pfeiler seines Throns stützten. Der Boden unter den Füßen derer, die auf der ersten Stufe Fuß gefasst hatten, war hingegen ziemlich brüchig. Die siebenstufige Göttliche Pyramide ist die Krone der Schöpfung, die für alle Ewigkeit unzerstörbar bleibt, da sie die gesamte glühende Herrlichkeit aufgesogen hat. Das wissen alle Götter, die im Himmel leben. Sie wissen aber auch, dass der Bau der sechsstufigen Pyramide Vishnus durch Unterlegung einer siebten Stufe abgeschlossen werden muss. Gott baut von oben und beginnt bei sich mit dem Zählen, indem Er seinen eigenen Wohnort – die Spitze – als erste Stufe zählt. Während Er jedoch den Bau von oben nach unten errichtet und die siebte Stufe zementiert, muss Er selbst in die Welt hinabsteigen, um – nachdem Er nun von unten zu zählen begonnen hat – von der ersten zur letzten Stufe emporzusteigen: der siebten. Nachdem Er so einem glühenden Kreis Gestalt verliehen hat, kann Er nun auf seinem rechtmäßigen, zeitweise verlassenen Thron Platz nehmen. Gott ist jedoch ein aus reinstem Feuer gewobenes Wesen, und da das Leben in einem solchen Antlitz auf der Erde unmöglich ist, muss Er in Menschengestalt hinabsteigen, um nicht alle Personen in Seiner Umgebung mit Seiner heißen Flamme zu versengen. Daher bleibt auch die glühende Kleidung auf dem Thron zurück, wenn Gott aus den Händen von Mutter Materie leibliche Kleidung von vergänglicher Beschaffenheit annimmt. Was bleibt einem auch übrig, wenn die Stunde geschlagen hat und man selbst hinabsteigen muss, um nach dem Einsammeln dessen, was zu Staub zerfällt, eine neue Stufe zu zementieren, welche fortan das Gerüst der gesamten Göttlichen Pyramide stützt!

Die Menschheit kann nicht als feste Stütze dienen, auf der der ganze Göttliche Aufbau Halt findet. Wenn Sie eine irdische Pyramide aufschichten, legen Sie als Grundlage jeder Stufe Steinquader aus. Anstelle des Steins werden Sie kaum Stroh oder mit Sand und Schmutz vermischte Blätter vom letzten Jahr aufschichten. Sie verstehen natürlich, dass nur homogenes Material dauerhafte Stabilität verleiht. Daher können Sie auch begreifen, dass die Göttliche Pyramide von Göttern errichtet wird. Sie alle können in dem Moment eine höhere Stufe einnehmen, wenn von unten eine neue Stufe unterlegt wird, und zwar durch Göttliche Wesen, die sich harmonisch in Ihre Reihen einfügen. Doch die Götter sind sich auch einer anderen Sache bewusst – Sie können niemanden zu Göttern machen, solange diese nicht selbst zu solchen werden wollen. Wollen alleine reicht aber nicht, es müssen konkrete Schritte im Hinblick auf die Göttliche Verwandlung unternommen werden.

Vishnu, der auf dem Gipfel thront, hat mehr als alle anderen die Möglichkeit, das unten auf den Böden der Erde offen daliegende Tätigkeitsfeld einzusehen. Mit Seinem glühenden Siegel kennzeichnet Er die Stirn derer, die der Dunkelheit und dem Los der Knechtschaft der nichtigen Würmer gespottet haben. Wer die zärtliche

Berührung des Feuers spürte, richtete den Blick nach oben und suchte nach noch mehr Zärtlichkeit. Und Vishnu berührte ihre Herzen mit Seinem glühenden Herzen und ließ ihnen ein Teilchen Göttlicher Liebe zuteilwerden. So trugen diejenigen, die Seine Geheiligten Feuer in ihre Herzen aufgenommen hatten, bereits die Ströme der Unsterblichkeit in sich, die als Geist vom Geiste geboren werden. Aus dem Samen der Sonnenblume erwächst eine Sonnenblume, aus dem Weizensamen eine mit Körnern übersäte Weizenähre, und Gott bringt Gottgleiches hervor. Und so bedeckte die Ernte den Ackerboden, auf dem der Gott Vishnu durch Sein Feuer atmendes Herz Sein Saatgut ausgebracht hatte. Er hatte so viele großzügig-glühende Ströme über dem gesegneten Boden ausgeschüttet, dass der Samen vorzeitig saftig zu werden begann: Die äußere Form ist jedoch noch kein Indikator für innere Reife. Um den besten Zeitpunkt für die Einfuhr der Ernte zu bestimmen – bei gleichzeitigem Bewusstsein für die Gefahr, noch unreife Körner zu ernten oder herabgefallene einzusammeln, die sich mit Schmutz vermischt haben –, beschloss Vishnu, auf das irdische Feld herabzusteigen, um die endgültige Reife der Göttlichen Saat zu bestimmen.

Die Menschen, die nach Reinheit und Weisheit der Göttlichen Liebe dürsteten, riefen immer häufiger zum Himmel und erreichten mit ihren glühenden Herzen den Thron der Obersten Gottheit. Lautlose Stimmen durchdrangen die festen Sphären und klangen in ihrem Anrufen wie ein Sturmläuten. Die Menschen warteten auf Gott! Sie bedurften Seiner über alles, hatten sie doch erkannt, dass der Weg der Einigkeit mit dem Himmel die einzige Voraussetzung dafür war, ewiges Leben zu erlangen. Sie hatten bereits begonnen, durch die Feuer zu atmen und so zu werden wie die Götter. Und nichts auf der Welt war wichtiger für sie als die Gedanken an den Aufstieg auf den

Stufen der Göttlichkeit. Die Götter erblickten eine feste Stütze in den Herzen der Menschen und sahen voll erhabener Freude mit Ihren Augen die Stunde vorher, in der die Menschheit eine Stufe emporsteigen und das Recht erlangen würde, einen anderen Namen anzunehmen. Sie werden keine Menschen mehr sein, weil praktisch nichts Menschliches in ihnen übrigbleibt, sondern Götter, denn Ihr gesamtes Wesen wird durch das Feuer der Göttlichkeit verwandelt werden. Wo sind die Menschen, und wo die Götter? Wie lässt sich in Erfahrung bringen, wann sie alle Flügel tragen, hell leuchten und ein einheitliches hierarchisches Bauwerk in Form einer siebenstufigen Pyramide darstellen? Der Gott Vishnu leuchtet als Sonne der Sonnen auf dem Thron und lädt jeden auf den Thron der glühenden Herrlichkeit ein, denn alle Götter haben das gleiche Recht. Er aber unterstützt den gesamten gigantischen Bau voller Freude, denn nur Gott ist das Wissen gegeben, umso höher emporsteigen zu können, je tiefer Er hinabsteigt. Im Universum existiert weder oben noch unten, weshalb die Letzten in der Regel die Ersten sind. War Er nicht deshalb tiefer als alle anderen Götter hinabgestiegen und in den dicken Schlamm der Erde eingetaucht?! War nicht Ihm, dem Spender der Lotosblume, auf der seine Gattin Lakshmi in die irdische Welt entschwunden war, das Wissen um den Aufstieg der Knospe des glühenden Geistes gegeben?! War es nicht Ihm gegeben, ein Beispiel der Göttlichen Liebe kundzutun und all jenen Flügel zu verleihen, die den lotosfüßigen Göttern nachfolgten?! Ja, mit der Ankunft des Gottes Vishnu auf der Erde steigt die Liebe selbst vom Himmel herab und fasst hier genauso fest Fuß wie im glühenden Himmel, der von den Göttern allein bewohnt wird. Und die Erdenmenschen werden hier einfach Götter genannt werden, denn das ist der Wille des Einen und allmächtigen Gottes.

3. Die Gebieter des Himmels

Alles, was nicht in den irdischen Sphären zu leben vermag, wohnt im Himmel. Und alles, was nicht im Himmel zu schweben vermag, fristet sein Dasein auf dem Erdboden. Das gilt tatsächlich, solange man nicht von den Göttern spricht – Sie können überall leben, und das auch noch gleichzeitig. Die Menschen müssen in den Schlaf fallen, um die Klänge der irdischen Welt zu dämpfen und sich zu öffnen für die Wahrnehmung feinerer Schichten. Die Götter hingegen sind nicht darauf angewiesen, sich gänzlich vom Klang der feststofflichen Welt zu lösen, denn der Körper stellt kein Hindernis für Sie dar. Sie sehen und hören das, was den Augen und Ohren eines einfachen Sterblichen für alle Ewigkeit unzugänglich ist. Mit den Göttern kann man nicht Schritt halten, auch wenn Sie tatsächlich zwei Arme und Beine haben sollten wie jeder einfache Mensch. Man muss den Wunsch haben, Gott zu werden, um Ihn erreichen zu können. Doch dafür muss ein unvorstellbar weiter Weg von den tiefsten zu den höchsten Sphären zurückgelegt werden – erst dann findet man sich an Ihrer Seite im Himmel wieder.

Wie kann man eine himmlische Wolke dazu zwingen, auf der Erde zu leben? Verwandeln muss sie sich, indem sie Regentropfen vergießt. Wie kann die Sonne vom Himmel herabsteigen und auf der Erde Frieden finden, wenn nicht durch das von ihr vergossene Feuer?! Und wie könnten die Sterne die irdischen Täler anders durchlaufen als in menschlichem Antlitz ... Wie sollte man die Macht des Höchsten über das Niedrigste anders demonstrieren als dadurch, dass man das Niedere über das Hohe erhebt und so die lebensspendende Überlegenheit des Ersten gegenüber dem Letzten aufzeigt?! So setzt sich die Wolke aus den zurückstrebenden Tropfen verdunsteter Feuchtigkeit erneut zusammen. Und so verbleibt die Sonne in der Unverwüstlichkeit der Feuer, indem sie die Ganzheit des Sonnenkerns bewahrt und ihre Macht mithilfe der von der Erde reflektierten Ströme vermehrt. Und die Anzahl der Sterne wächst, da sie mit denjenigen zurückkehren, die sich für ihren stellaren Weg entschieden haben.

Die Bewohner des Himmels leben nach eigenen Gesetzen. Dadurch, dass Sie Ihren Wohnort verlassen, verabschieden Sie sich nicht vom Himmel – dieser bleibt Ihr rechtmäßiger, von Gott vorherbestimmter Ort. Während Sie so eine unsichtbare Umlaufbahn zeichnen, richten sich die himmlischen Geschöpfe nach ihr aus, und jeder Schritt, der sie vom glühenden Konzentrationspunkt entfernt, bringt sie gleichzeitig dem Ausgangspunkt einen Schritt näher. Die eigene Hand ist der Gebieter. Und da die Grenzenlosigkeit unendlich ist, kann der Kreis auch noch so groß sein – wichtig ist vor allem eines: Die eigenen Kräfte richtig einzuschätzen, um innerhalb der gesetzten Frist zurückzukehren, ohne sich unterwegs völlig verausgabt und das Ziel aus den Augen verloren zu haben; das Ziel, in dessen Namen die Flugbahn angelegt wurde: vom eigenen Ich zum eigenen Ich.

Der Himmel umfasst die gesamte Weite des grenzenlosen Ozeans der Sterne. Doch auch der Planet Erde erscheint aus der Tiefe des Universums wie ein ferner, winziger, kaum funkelnder Stern. Und wenn die Sterne im Himmel leben, so heißt das, dass auch die Erde ein Bewohner der himmlischen Sphären ist! Leben die Dämonen etwa im Himmel? Nein, dort leben die Götter! Also müssen auch die Erdenbürger Götter sein ... Ja! Doch bedauerlicherweise wissen sie nichts davon. Sie schlafen den Schlaf eines unschuldigen Babys, das in der Wiege liegt und seine Handlungen noch nicht ausreichend kontrollieren kann – es fügt sich und den Personen in seiner Umgebung Kratzer zu und zertrümmert Dinge, die sich anschließend nicht mehr zusammenkleben lassen. Das sind noch keine Götter im erhabenen Sinne, denn im Falle einer Knospe, die sich zwar noch nicht entfaltet hat, aber über das Potential verfügt, alle Blütenblätter zu erwecken, kann man noch nicht von einer prächtigen Blume sprechen, auch wenn sie eine solche werden muss.

Nicht immer öffnen die Menschen alle Blütenblätter der herzinnigsten Knospe und lassen sie durch das Licht ihrer Güte aufblühen. Sie sperren den Schatz in ihrer Brust ein und lassen es nicht zu, dass er in voller Pracht zum Vorschein kommt. Kann man etwa damit rechnen, dass ein im festen Boden gehaltener Samen beizeiten aufgeht und zur Erntezeit Frucht hervorbringt?! Das irdische Feld ist mit dem Samen Gottes übersät, doch der Aufgang der Göttlichkeit lässt sich noch nicht überall feststellen. Die Äcker werden schwarz und führen dazu, dass sich die Herzen der Himmelsbewohner wegen düsterer Vorahnungen zusammenziehen. Mit Ihrem glühenden Auge dringen Sie jedoch durch die zusammengepresste Kruste hindurch und sehen, dass das Korn ziemlich stark angeschwollen ist, die feste Schicht schon bald durchstößt und so einen dem Schoß entstammenden Schössling der smaragdgrünen Flamme zum Vorschein bringt. Dann erscheint ein weiterer Bewohner in den Weiten der Erde und richtet den Blick zum Himmel. Wie soll er sich auch nicht zum Feuer der Höhen ausstrecken, wo der Samen, der ihn hervorgebracht hat, doch von dort in den kalten Boden geworfen wurde?! Das nach Göttlicher Wärme dürstende menschliche Wesen streckt sich von ganzem Herzen aus und wendet übermenschliche Kräfte auf, um den Leib, der zuvor den Geist gefesselt hat, so abzuwerfen wie der Weizen die Spreu, und daraufhin als wundersame Knospe über der himmlischen Wasseroberfläche emporzusteigen. Nur dort können sich die Blütenblätter des glühenden Geistes in ihrer ganzen Göttlichen Herrlichkeit entfalten.

Die Erde als Funken des Göttlichen Lichts, der im grenzenlosen Ozean des unendlichen Weltalls funkelt, züchtet in ihrem gesegneten Boden klaglos und duldsam diejenigen heran, die im Wachstum des machtvollen Geistes emporsteigen, Kraft gewinnen und wie die Vögel das elterliche Nest verlassen. Irgendjemand wird sie aufnehmen wie Außerirdische von einem weit entfernten Stern, und man wird sie allmächtige Götter nennen und beginnen, sich vor ihnen zu verbeugen und versuchen, selbst Fortschritte in Sachen Heiligkeit zu erzielen. Welch gigantischen Kreis kann derjenige zeichnen, der vom Planeten Erde in die Tiefen des Universums schreitet?! Wird es gelingen, die geplante Distanz zurückzulegen und nicht von der angedachten Flugbahn abzuweichen, wenn man unterwegs auf Hindernisse stößt? Natürlich ist ein einfacher Mensch einer solchen Aufgabe nicht gewachsen, doch ein Gott, der im Inneren eines irdischen Wesens heranwächst, kennt keine Grenzen im Beschreiten himmlischer Pfade. Ein Wesen, das von einem am Himmel leuchtenden Stern geboren wurde, mag auch noch so klein sein – es trägt dennoch den Samen eines glühenden Sterns in sich.

Menschen! Ihr seid Götter! Ihr seid die Bewohner eines himmlischen Landes, das verborgen liegt im grenzenlosen Ozean der Sterne. Der unendliche Himmel umhüllt euch von allen Seiten, und ihr könnt euch in jede beliebige Richtung auf den Weg machen. Die gesamte Weite des endlosen Himmels gehört euch. Ihr müsst frei schweben und dürft euch nicht einengen lassen von irgendwelchen äußeren Beschränkungen. Lange wart ihr euren eigenen Illusionen verhaftet, doch nun, da ihr den Blick des Herzens geschärft habt, habt ihr euer eigenes Wesen ergründet. Wollt ihr etwa bestreiten, dass im Himmel nur die Götter leben?! Und während ihr euch von der unbestreitbaren Wahrheit überzeugt, werdet ihr euch vollauf bewusst, dass endloser Himmel eure Welt umgibt. Doch wenn ringsum Götter leben, können dann etwa einfache sterbliche Menschen unter ihnen leben?! Und wenn die Götter selbst von der Göttlichkeit eures Wesens sprechen, macht es dann etwa Sinn, die Weisheit der allwissenden Götter in Zweifel zu ziehen? Hebt den nach unten gerichteten Blick und schaut euch um – ihr seid von Göttern umgeben, der Himmel steht euch offen und lädt euch ein zu einem Schritt in die Besitztümer, die nach Göttlichem Recht euch gehören. Zeichnet einen glühenden Kreis, wenn ihr einen neuen Pfad beschreitet, und seid euch einer Sache bewusst: Wo auch immer ihr wohnt, ihr werdet immer bei euch zu Hause sein, denn ihr seid die Gebieter des Himmels, in dem alles euch gehört.

KAPITEL VI

1. Das Leben der Götter

Was wissen Sie über das Leben der Götter – außer, dass Sie im Himmel leben und nun sogar auf der Erde? Sobald Sie in niederen Sphären angekommen sind, leben Sie wie gewöhnliche Menschen: Sie wachsen heran, gründen Familien und ziehen selbst Kinder groß. Allerdings ist Gott doch nicht etwa nur deshalb vom Himmel herabgestiegen, um nach einem freudlosen Leben in die Höhe zurückzukehren und in der Stunde des Sonnenuntergangs erleichtert aufzuseufzen? Allein die Annahme, das von den einfachen Sterblichen geführte Leben könnte den Göttern gefallen, wäre absurd. Folglich ist der Grund für Ihre Herabkunft noch immer nicht vollends geklärt. Klar ist jedoch eines: Sie verhalten sich so, wie die Personen in der Umgebung es möchten, damit Sie das Recht haben, irgendwann von den Menschen das Verhalten einzufordern, das die Götter zu sehen wünschen. Mit anderen Worten: Die Götter leben das Leben der Menschen, damit der Mensch irgendwann das Leben der Götter lebt.

Worin besteht der tatsächliche Sinn Göttlichen Lebens? Wie kann man das beurteilen, was man selbst nicht gesehen hat und nicht kennt? Man muss wahrlich Gott sein, um eine Vorstellung vom Leben der Götter zu haben.

In dieser Angelegenheit macht es keinen Sinn, sich an einen Menschen zu wenden, der noch an der Schwelle zur Göttlichkeit steht und die Grenzen der glühenden Welt niemals überschritten hat. Lasst uns besser die anhören, die dort waren, sind und ewig sein werden. Und sollte die glühende Sage dem menschlichen Verstand dennoch unzugänglich bleiben, dann soll er doch eilends sein Herz zu Hilfe nehmen. Und wenn auch das vor Begeisterung erstarrte Herz schweigt, dann sollten Sie besser selbst die Stufen des Aufstiegs emporsteigen, den Weg vom Menschen zum in Ihnen verborgenen Gott beschreiten und das allein den Göttern vorherbestimmte Leben mit eigenen Augen erblicken.

Werden die Götter denn wie einfache Sterbliche geboren? – Lasst uns zumindest mit dieser Frage beginnen. Ja, das werden Sie, doch nur Gott kann einem Gott das Leben schenken. Verfügen Sie denn von den ersten Tagen Ihres Lebens an über ein Bewusstsein? Zweifellos! Jede Zelle des Göttlichen Wesens verfügt über eine Art höchstes Bewusstsein. Doch wenn die Götter geboren werden, wo waren Sie dann davor: doch nicht etwa hinter der Grenze des Vergessens, welche Tod heißt? Das Wort „Tod" findet bei einem Gott keine Anwendung. Leben in latentem Zustand ist immer noch Leben und kein Tod. Wer potentiell in einem lebendigen Gott lebt, ist auch selbst lebendig, auch wenn sein Leben im Verborgenen verläuft. Doch das Verborgene wird offenbar, sobald die Frucht heranreift und das Lager der Götter weiteren Zuwachs erhält. Und der Ausgangspunkt selbstständigen Lebens beginnt in dem Moment, in dem sich das Göttliche Wesen von seiner Elternfigur trennt. Und so wird die Feuer atmende Form der überirdischen Gottheit als Fleisch vom Fleisch gewoben.

Nehmen wir einmal an, Gott habe an Kraft gewonnen, sei zu einem Mann herangewachsen und nun sei die Zeit für die Weitergabe Seines Göttlichen Samens gekommen. Wo soll Er nun den Boden finden, der die Frucht großziehen kann, ohne alle Göttlichen Merkmale zu vergeuden, dabei aber die Schönheit der Form um ein Vielfaches vermehrt?! Natürlich kann nur das Feuer alle Wunschträume erfüllen, nachdem es die zugrunde liegende Idee aufgesogen und das Wesen in Form gegossen hat, das als Gott der Götter angesehen wird. Der Gedanke befruchtet die plastische Materie, welche daraufhin eine Form gemäß dem Vorhaben des Schöpfers webt. Und da all unsere Erzeugnisse über eine untrennbare Verbindung zu ihrem Erzeuger verfügen, werden sie wie Früchte so lange ausgetragen, bis die Zeit gekommen ist, die die unausweichliche Stunde der Trennung verkündet. Die reife Frucht muss abfallen vom Baum, der sie großgezogen hat, und über alle Veranlagungen dafür verfügen, dem Baum ähnliches Leben zu geben und ihn aus dem eigenen Samen erwachsen zu lassen.

Was ist der Gedanke Gottes anderes als eine verdichtete Flamme, die sämtliche Schichten blitzschnell durchdringt?! Muss sich das Feuer mit der glühenden Materie vereinigen, um Leben hervorzubringen? Ja! Und wie absurd ein solcher Gedanke auch erscheinen mag, er bringt die Wahrheit zum Ausdruck. Auf irdischem Boden sind zwei Prinzipien nötig, damit durch die Zusammenlegung von Yin und Yang ein Wesen geschaffen wird, das die Dualität von Geburt an in sich trägt. Die Götter kennen jedoch keine Widersprüchlichkeit, da die glühenden Sphären, in denen Sie leben, ebenfalls keine Binarität kennen. Doch woher stammt sie dann so plötzlich, wenn die niederen Sphären von der Hand des einen Schöpfers geschaffen sind, der keine Dualität kennt?! Ein Widerspruch ist das eine, die Teilbarkeit des Geistes etwas anderes. Der Geist ist das Feuer. Das bedeutet, dass die Göttliche Flamme teilbar ist und sich wie eine reife Frucht von der Wurzel trennen kann, die sie zuvor gespeist hat. Hat Gott etwa nicht aus der Rippe des Mannes die Frau geschaffen und so ihre Einheit, Gesamtheit und gleichzeitig ihre Teilbarkeit definiert? Der Geist hat die Seele entlockt und sie mit derselben Göttlichen Flamme versehen.

Es gibt nur einen Gott, doch in all seinen Hypostasen ist Er teilbar und eins. Er bringt Götter hervor und legt ein Teilchen Seiner selbst in Ihnen an. Daraufhin werden Sie zu Seinem untrennbaren Wesen, das dennoch teilbar ist. Sie und Ihr Kind haben vielleicht nur wenige Gemeinsamkeiten, denn das Fleisch ist von vergänglichem Fleisch geboren und mit Blut versehen, welches eine kurzlebige Substanz darstellt. Doch der Geist, der vom unsterblichen Geist geboren und als Fleisch vom glühenden Fleisch erzeugt wurde, wächst wie ein weiteres Blütenblatt heran und fasst Fuß auf dem einen Herzstück, das ihn großgezogen hat. Alle Blütenblätter bilden gemeinsam eine einheitliche Knospe, wenngleich sie verschiedene Form, Farbe und ihr eigenes Schicksal haben können, das sich vom Los ihrer Geschwister unterscheidet. Dennoch wurde den Göttern, die den Blütenblättern ähneln und vom einen Herzstück genährt werden, Beweglichkeit zuteil; unabhängig voneinander versehen Sie auf dem Göttlichen Tätigkeitsfeld Ihren Dienst und berühren so lange kaum die Flanken der anderen, bis die Zeit gekommen ist, in der Sie sich erneut zu einer einzigen Knospe verschließen, um in Ihrem Schoß eine Frucht großzuziehen, die einer neuen Gottheit das Leben schenkt. Sie wächst heran, saugt alle Ströme auf und offenbart die Macht all jener Götter, die zu einem untrennbaren Teil von Ihr geworden sind. Und wenn es Ihrem Göttlichen Willen entspricht, weist die

Gottheit erneut glühende Teilbarkeit auf und bringt eine Schar neuer Gottheiten zur Welt, die Sie wie die Blütenblätter aus Ihrem einen, Feuer atmenden Herzstück hervorbringt.

Geburt und Tod sind zwei Pole, die durch einen unzerreißbaren Faden miteinander verbunden sind. Und wenn ein Mensch geboren wurde, dann muss er auch sterben. Kann aber ein Gott nach seiner Geburt leben, ohne zu sterben? Ja, die ständige Erneuerung des Lebens und die Umwandlung von einer Form in eine andere macht es möglich, dem zu entkommen, was der Mensch Tod nennt – dem vollständigen Zerfall der vergänglichen Struktur. Gott, der mit den Fäden unvergänglicher Materie hantiert, setzt neue Muster zusammen und schafft sich ein neues Gewand. Und in dem Moment, in dem Er das Neue anlegt, wird das sogenannte Alte vollständig verschlungen und löst sich im umgewandelten Fleisch auf. Es gibt weder Zerfall noch Fäulnis, sondern nur die ewige Wiedergeburt des Lebens in dessen höchstem Sinne. Wenn wir also das Leben der Götter als ewige, selbst initiierte Wiedergeburt betrachten, versündigen wir uns nicht an der Wahrheit. Damit ist die erste Seite vom Leben der Götter zum Druck freigegeben – sie ermöglicht es, schemenhaft den Weg zu erkennen, den die unsterblichen Götter von Alpha bis Omega durchlaufen.

2. Der Gang der Riesen

Die Steine lagen sehr lange unbeweglich herum – seit dem Zeitpunkt ihrer Aushärtung waren mehrere Milliarden Jahre vergangen. Doch nicht immer waren diese erkalteten Götzen so dickköpfig gewesen: Einst waren sie die Körper gigantischer Wesen und konnten sich sogar den Göttern widersetzen, indem sie Ihnen ihre Kraft zu beweisen versuchten. Viel zu gefährlich ist es jedoch, diejenigen zum Kampf herauszufordern, deren Kraft nicht in steinernen Muskeln verborgen liegt, sondern in glühenden Herzen. Und so erstarrten sie in Unbeweglichkeit, nachdem sie auf die Göttliche Kraft gestoßen waren.

Das irdische Gestein hatte sich bis dahin schon ausreichend verfestigt, und die weibliche Göttin trat auf die feste Landmasse. Die Steinbrocken konnten sich ihr nicht länger in den Weg stellen und sie am Beschreiten der irdischen Welt hindern. Doch auch ein in Unbeweglichkeit erstarrter Körper hat einen Doppelgänger, der mit ihm identisch, aber aus feiner Materie gewoben ist. Und auch jedes Ding weist wie ein lebender Organismus eine subtilere Struktur auf, nicht nur ein zwei- oder vierbeiniges Wesen. Jede Erscheinung verfügt über eine sichtbare und eine unsichtbare Seite. Und so erschien die sichtbare Welt bereits als zäher Schlamm, in den man die Wurzeln eintauchen musste, damit sich die Knospe in den glühenden Sphären über der Wasseroberfläche des Ozeans der Ewigkeit entfalten konnte, indem sie ihren unsichtbaren Stängel durch die Schichten feinerer Ebenen zog.

Schlamm war zur Genüge vorhanden. Der irdische Boden besaß ihn im Überfluss, also machten die Wurzeln sich sogleich ans Werk und versuchten, tiefer in den Schlamm einzutauchen. Und der kleine Stängel reckte sich sofort in die Höhe. Dort standen ihm jedoch andere Kräfte entgegen und versuchten, dem Wachstum den Weg zu versperren. Die feststoffliche Ebene war als Kampfarena nämlich von einer feineren Ebene abgelöst worden – dort drängten sich Riesen aneinander, deren Beine im ausgehärteten irdischen Gestein steckengeblieben waren, während sie ihre Arme noch frei bewegen konnten. Sie waren die Wesen, die mit ihren Wurzeln Fuß fassen und einen Stängel bilden konnten. Daraus konnte jedoch keine Blume erwachsen, da sie nicht über den glutheißen Samen verfügten, welcher die Knospe des glühenden Geistes bilden kann. Und natürlich rief nichts größeren Neid bei ihnen hervor als das Erblühen der Blätter der glühenden Lotosblume. Das Feuer war die einzige Sphäre, in die die versteinerten Riesen nicht einzudringen vermochten.

Weshalb war die weibliche Göttin in diese so töricht angelegte Welt gekommen?! Übte das Leben der steinernen Götzen etwa einen stärkeren Reiz auf sie aus als das der glühenden Götter?! Das Leben in einer Welt, in der man dicht umgeben war von Felsen, die es unmöglich machten, die Flügel auszubreiten und eine Bewegung auszuführen, ohne sie an den Kanten des scharfen seelenlosen Steins zu verletzen, musste doch unvorstellbar schwierig sein! Wer würde es wagen, mehrere Jahrtausende inmitten todeskalter Brocken dahinzuvegetieren?! Etwas Derartiges konnte natürlich nur ein Göttliches Wesen, das sich seiner Kraft bewusst war, auf sich nehmen und so den selbstlosen Weg bekräftigen. Die Göttin war nicht in der Lage, die Welt, die sich ihr aus den Tiefen des Universums präsentierte, gleichgültig anzublicken. Sie erschien ihr seelenlos-kalt, und ihr bebendes Herz fing aus Mitleid mit denen, die in einer solchen Welt leben mussten, zu schlagen an. Für die Göttin der Liebe war es eine unerträglich bittere Erkenntnis, dass in den Weiten des endlosen Universums ein Ort entstanden war, an dem man die prächtigen Ströme des Göttlichen nicht erleben und das wohlriechende Aroma der herzinnigsten Lotosblume nicht erfahren konnte, wenn diese zur Zeit der Liebe erblühte. Sie musste den Bewohnern diese Blume zum Geschenk machen – darum flehte ihr Herz.

Wem sollte die unscheinbare, kleine und fragile Frau, die unter ihrem unsichtbaren irdischen Gewand die Herrlichkeit des Göttlichen Leuchtens verbarg, die Knospe herzinnigster Liebe darbringen, solange gleichgültig-kalte Blicke über sie glitten? Von einer Art Reflexion angezogen, die auf der steinernen Oberfläche erscheint, geht sie mal auf den einen, dann wieder auf einen anderen zu und streckt ihm mit geöffnetem Herzen die Knospe jungfräulicher Liebe entgegen. Doch der zu Stein gewordene Götze fügt den Blütenblättern der Göttlichen Blume durch seine Berührung lediglich Verletzungen zu. Wie soll sie, eine einfache Frau, auch verstehen, dass sich das geheiligte Feuer nur in den Herzen entfachen lässt? Und wie soll sie es dort entfachen, wo kein Herz ist?! Alle seelischen Saiten in der steinernen Brust waren zu Stein geworden und brachten nicht einen wundersamen Ton als Antwort auf die Berührung der Göttlichen Hand hervor. Sollte sie diese Welt tatsächlich so zurücklassen müssen, ohne die Ströme der jungfräulich-wunderbaren Liebe in ihr etabliert zu haben? Die Göttin war jedoch nicht in den Leib einer irdischen Frau hinabgestiegen, um eine Niederlage zu erleiden, sondern um die steinernen Riesen als winziges, zerbrechliches und schwaches Geschöpf zu besiegen. Allein durch die Kraft der Liebe wird sie kämpfen und nicht eher fortgehen, als dass ihr Göttlich leuchtendes Licht sich in die Herzen der Menschen ergießt.

Mit heißen Tränen, die sie als Blut des Herzens über die seelenlos-kalten Brocken ausschüttete, weichte sie die Steine auf. Diese gaben der Göttlichen Einwirkung schrittweise nach, was unendliche Freude bei der himmlischen Göttin hervorrief, die das Lager der Götter ihrem Aufenthalt im Reich der Steine wegen verlassen hatte. Auch wenn es ihr nicht gegeben war, ihresgleichen zu sehen, auch wenn ihr das Recht genommen wurde, ihren einzigen Gott zu sehen, der in ihrem glühenden Herzen wohnte – vom eingeschlagenen Weg wird sie sich nicht lossagen, auch wenn ihr Milliarden Jahre der Trennung bevorstehen. Für die Götter, die in der Zeitenlosigkeit leben, ist die Zeit eine Qual. Lakshmi geht so lange nicht fort, bis sich das menschliche Herz öffnet und den Weg von der versteinerten Materie bis zu dem Zustand durchlaufen hat, in dem es in der Lage ist, Feuchtigkeit in sich zu halten. So erlangt feste Materie, die von den Tränen des Herzens aufgeweicht wurde, die Fähigkeit, Strahlen aufzunehmen, die sich aus allen Feuer atmenden Sphären ergießen, welche als silberne Saiten in der menschlichen Brust aufgespannt sind.

Natürlich trugen die Menschen in vielerlei Hinsicht das Vermächtnis der Vergangenheit in sich und hegten Kälte und steinerne Gleichgültigkeit in der Tiefe ihrer von vergänglicher Materie umringten Herzen. Doch hier ging es nicht mehr um dieselben Wesen – aus ihren tief in den Sphären des Schlamms verfestigten Wurzeln entsprangen kleine Schösslinge, und ihre Stängel reckten sich direkt in die Höhe und versprachen in vielen Fällen prachtvolle Blüte. Man musste ihnen dabei helfen, die auf unsichtbarer Ebene vorhandenen Hindernisse zu durchlaufen – dort lagen noch immer die Schatten der Riesen der Vergangenheit verborgen und lauerten den fragilen Stängeln auf. Einerseits handelte es sich zwar um dieselben Geschöpfe, die aus dem Stein emporgestiegen waren, andererseits stellte sich ihr auf unsichtbarer Ebene abgeworfener Schatten als Hüter der Schwelle in den Weg und verhinderte das Weitergehen des Menschen, der sich selbst überwinden musste, um Zutritt zur glühenden Welt zu erlangen. So fand auf innerer Ebene ein Kampf statt, und der Mensch, der sich selbst besiegt hatte, wurde zum Gottmenschen, von dem es nur mehr ein Katzensprung zum Gott war. Die Götter im Himmel freuten sich bereits riesig darauf, dass die Feuer atmende Lotosblume Göttlicher Liebe in einem wunderbaren Moment über der Wasseroberfläche des Ozeans der Ewigkeit emporsteigen, sich entfalten und auf ihrem Herzstück die erhabene Göttin offenbaren würde, welche in die Welt der Götter zurückgekehrt war. Ihre Begeisterung wird jedoch grenzenlos sein, wenn Sie die Abertausend glühenden Lotosblumen erblicken, die ihre bezaubernden Blütenblätter an der Oberfläche des kosmischen Wassers entfalten. Und es wird Ihnen schwer fallen zu glauben, dass sie durch eine blutige Träne des Herzens der Göttin dem Stein entwachsen sind. Sie hat Milliarden Jahre der Liebe geopfert, um zu den eisigen Brocken hinabzusteigen und das glühende Samenkorn in ihnen auszubringen, das daraufhin als glühende Knospe in den Göttlichen Sphären emporsteigt. Die mit Feuer atmenden Blättern duftender Lotosblumen übersäte Wasseroberfläche des Weltenalls ist ein wunderbares Geschenk an die Götter und eine wahrhaft würdige Schöpfung aus den Händen der Göttin universeller Liebe. Ja, nur sie konnte die irdischen Titanen dazu bringen, den riesigen Schritt von der Erde zum Himmel zurückzulegen, zu dem nur Riesen in der Lage sind. Und nun lässt sich das Ganze fortsetzen, denn jeder von ihnen kann wie die Göttin Lakshmi in einer verschlossenen Lotosblume auf jeden notleidenden Planeten hinabsteigen und das Licht der heiligen Liebe in den lebendigen Herzen bekräftigen, welche sich eines Tages ebenfalls in Göttlicher Schönheit über die Wasseroberfläche des Weltenalls erheben werden.

3. Lakshmis Heldentat

Liegt es im Wesen der Götter des Himmels, irdische Heldentaten zu vollbringen, die sich kühne Helden zur Aufgabe gemacht haben? Und was von dem, was das Göttliche Wesen ständig vollbringt, lässt sich zu den Heldentaten zählen? Gilt ein Opfer an das Höchste denn nicht als etwas Selbstverständliches, und ist man als Gott nicht einfach dazu verpflichtet, für andere zu leiden und von denjenigen gequält und gepeinigt zu werden, denen man die Gaben des geöffneten Herzens darbringt? Man kann Gott zertreten, beschmutzen, vierteilen, verbrennen, kreuzigen und all das mit ihm tun, wozu nur der raffinierte teuflische Verstand in der Lage ist. Gott hingegen muss alle Beleidigungen, Kränkungen, Erniedrigungen und die Verschmähung ertragen und überdies die Feuer Seines liebenden Herzens vermehren, damit die freigebige Wärme für alle herzlosen Henker ausreicht. Worin besteht also die Göttliche Heldentat? Vielleicht darin, dass Gott sich dem Bösen nicht widersetzt? Oder vielleicht in einer Art von Widerstand, die von unserem Auge nicht wahrgenommen werden kann?

Die Heldentat der Göttin Lakshmi ist in die Tafeln der glühenden Ewigkeit eingeritzt. Und man muss Gott sein, um ihr ganzes Wesen zu begreifen. Wie kann ein Sumpfbewohner die Heldentat des Adlers nachvollziehen, der seine Flügel aus freien Stücken zusammengefaltet hat, um den Grabwürmern das Fliegen beizubringen, indem er sie aus dem übelriechenden Boden emporhebt? Ist es denn nicht warm und bequem hier inmitten der zähen Brühe, die für Kriechwesen schöner und angenehmer als alles andere ist?! Sie wollen gar keine andere Welt kennen, und jeder, der ihre Totenzersetzung inmitten der unheilvollen

Sümpfe zu stören versucht, gilt bereits als hinterhältiger Feind. Was soll da das Gerede von der Unsterblichkeit?! Der Tod ist es, was den Grabwurm betört! Doch was soll man tun, wenn die tote Oberfläche stinkender Jauche plötzlich von einem himmlischen Strahl durchbrochen wird und jemand auf dem Grund des verhängnisvollen Sumpfes feste Wurzeln schlägt? Dann erstarren die Würmer, die die sterblichen Überreste der anderen fressen, und spüren die ihnen drohende Gefahr. Dies war nicht der Atem des betörenden Todes, sondern etwas Neues und Unbekanntes, worauf das Denken der Würmer nie zuvor getroffen war. Und so geriet es erstmals in Berührung mit den Göttlichen Strömen, die die Göttin Lakshmi ins dickflüssige Wasser der Erde eingebracht hatte. Von hier aus, dem tiefsten Punkt des Falls, bahnte sich das aufopfernde Wirken des Hohen seinen Weg.

Nachdem sie die Linie des Aufstiegs vom Grund der irdischen Sümpfe zu den höchsten Gipfeln der Göttlichen Bergwelt gezeichnet hatte, machte sich Lakshmi daran, wie die Lotosblume feste Wurzeln mitten im zähen Schlamm zu schlagen. Sie versuchte, noch tiefer einzutauchen und die Erinnerungen an das wunderbare Aroma der duftenden Gärten des himmlischen Vaters zu unterdrücken. Und während sie inmitten des sie umgebenden Gestanks um Luft rang, versuchte sie mit aller Kraft, das Samenkorn der Göttlichen Liebe in sich zu bewahren. Dies tat sie, um das Feuer des Lebens nicht ausgehen zu lassen, auch wenn es ihr an der gewohnten Nahrung fehlte, welche in den Feuer atmenden Schichten stets im Überfluss vorhanden gewesen war. Die Göttin musste sich selbst vergessen und alle Sinne auf das Herzstück des geheiligten Kerns richten, um das winzige Feuer im Inneren, welches die Göttliche Flamme verbarg, auszukristallisieren und bis zur Blütezeit schweigen zu lassen.

Somit hat der Weg des Aufstiegs begonnen. Doch wie soll man die Flamme in sich verbergen, wenn sie in der Dunkelheit besonders grell hervortritt?! Der ganze Sumpf geriet in Bewegung, und Tausende kopfloser Würmer stürzten sich auf die Wurzeln und versuchten, sie bis aufs Letzte abzunagen. Gierig fraßen sie sich ins Fleisch der Göttin, die des stickigen Gases wegen, das stets aus den Tiefen der Sümpfe austritt, ohnehin um Luft rang. Doch was kümmerte fremder Schmerz die gottlosen Biester, die doch den Befehl des Todes erfüllten?! Selbst wenn er ihnen befohlen hätte, sich selbst aufzufressen, hätten sie sich selbst benagt und sich dem Tode zuliebe vernichtet. Die Wurzeln reckten und streckten sich im Versuch, zum segensreichen Boden durchzudringen, doch die kleinste Bewegung rief rasenden Zorn in den Reihen der Kriechtiere hervor. Unerträglicher Schmerz durchfuhr jede Zelle des von scharfen Zähnen verwundeten Wesens. Oh weh – wie viel davon hätte sie noch auf sich nehmen müssen, um den gesamten unmenschlichen Schmerz zu fühlen – einen Schmerz, durch den die Stunde des Todes als wunderbarste Rettung der Welt erschienen wäre?! Doch sie konnte den Tod nicht herbeirufen, denn dadurch hätte sie sich selbst zum Wurm gemacht und damit den Weg des Göttlichen Aufstiegs abgebrochen. Sie trug das Leben in sich und konnte nur die Unsterblichkeit anflehen. Doch das qualvolle Leiden schien kein Ende zu nehmen. Es machte jedoch keinen Sinn, daran zu denken, denn die Gedanken, die sie von allen Seiten umringten, brachten nur zusätzliches Leid mit sich.

Man darf nicht stehenbleiben, wenn man einmal eine Entscheidung getroffen und sich auf den Weg gemacht hat. So wie man eine Sturmböe nicht anhalten, eine fallende Welle nicht aufhalten, einen Blitz nicht am Aufleuchten hindern und das Grollen eines Gewitters nicht unterbrechen kann, so kann man auch eine Bewegung nicht abbrechen, denn die darin verborgene Kraft wurde bereits in Gang gesetzt – und wer sie an der Entfaltung hindert, sät den Tod. Genauso darf man auch das in die Höhe wachsende Samenkorn des Lebens nicht zum Stehen bringen, denn die kleinste Verzögerung im Entwicklungszeitraum kann zum Verlust des Rechts auf Blüte zur vorherbestimmten Zeit führen. Also schritt Lakshmi durch den dichten, undurchdringlichen Schmutz hindurch und zog den Stängel des Geistes hartnäckig hinter sich her. Dieser wurde mit zunehmendem Wachstum immer heller, brachte das Licht des Lebens in die Dunkelheit des Sumpfes und rief so neue Attacken hervor, die die Hand des Todes vorbereitet hatte. Von allen Seiten prasselten Schläge herein, denn der Duft des Lebens hatte bereits begonnen, den erstarkten Kristall in die Umgebung hinauszutragen. Mit seinen lichtführenden Strahlen untersuchte er den Boden dahingehend, wohin man ohne Angst vor einer Falle seinen Fuß setzen konnte.

Die Feinde bemühten sich, die Oberhand zu gewinnen, solange die zarte Knospe sich noch herauszubilden versuchte. Dies war die Phase, in der sie die letzten Schichten durchwanderte und in der die Würmer nach Erreichen ihrer höchsten Entwicklungsstufe ins Lager der zweibeinigen Geschöpfe durchdringen konnten. Dort mussten alle einander auf Augenhöhe begegnen – trotz unterschiedlicher Voraussetzungen. Und die in der Brust eingesperrte Knospe der glühenden Lotosblume musste von der Göttin hindurchgetragen werden, ohne an Leuchtkraft einzubüßen. Nun galt es, das menschliche Leben zu durchleben, das zunehmend von der Philosophie der Würmer erfüllt wurde, und die ihrer Umwelt so verhasste Flamme Göttlicher Liebe im Herzen zu bestärken. Ihre Feinde setzten ihr zu. Als Freunde maskiert, traten sie dicht heran und versetzten tödliche Schläge. Doch das Feuer in der Brust entbrannte mit jedem Schlag umso stärker. Die Göttin konnte niemanden hassen, denn jede Zelle ihres Wesens war ausschließlich von Liebe erfüllt. Nachdem sie sich in der dichten Masse der Sumpfbewohner aufgelöst hatte, überkam sie großes Mitleid mit denen, die sich der Armseligkeit ihres eigenen Lebens nicht bewusst waren. Das Mitgefühl mit den flügellosen Wesen riss ihr Herz in Stücke. Wie sehr wollte sie allen Liebe schenken! Wie sehr wollte sie die anderen mit ihrer herzlichen Zärtlichkeit wärmen! Wie sehr träumte sie davon, den Schleier der menschlichen Unkenntnis zu zerreißen und die Sehkraft sämtlicher Göttlichen Welten hineinzulegen! Und obwohl sie ein einfacher sterblicher Mensch war, wurde sie dennoch zu keinem solchen, sondern blieb in ihrem Herzen weiterhin eine Göttin. War sie denn nicht hierhergekommen, um die ganze Welt mit heiliger Liebe zu erleuchten? Wie sollte man hier auf Liebe treffen, wenn ihr Samen nicht ausgesät worden war? Wie sollten die Herzen durch das jungfräuliche Gefühl auflodern, wenn sie keine Vorstellung davon hatten? Und konnte die Göttin etwa über fehlende Herzlichkeit ihr gegenüber klagen, wo dieses Organ doch bisher stumm war, da es den Geschmack des himmlischen Segens noch nicht kennengelernt hatte? Sie war bereit, sich in einen Grabwurm zu verwandeln, um in der dichten grauen Masse das Licht des Herzens zu verschenken und ein Beispiel großer Opferbereitschaft zu erbringen. Und als sie das Leben eines einfachen sterblichen Wesens zu durchleben begann und in die Welt der philosophischen Ideen der Würmer eintauchte, da jubilierte der Feind in seiner Annahme, das in den Schmutz getretene Licht sei nicht mehr in der Lage, göttlich-reine Strahlen zu erzeugen. Doch versuchen Sie einmal, einen Sonnenstrahl zu beflecken oder einen schwarzen Klumpen in einen Stern zu werfen, um so sein Leuchten zu verdunkeln – es wird Ihnen nicht gelingen, denn das Feuer bleibt in alle Ewigkeit unbefleckt. So konnte auch die Göttin der Liebe selbst dann die Ströme jungfräulicher Reinheit bewahren, als sie eingetaucht war in den Staub der niederen Sphären, die als übelriechender Schlamm hervorgetreten waren und dem Samenkorn der kosmischen Liebe ein erstes Obdach boten.

Lang war der Weg in den irdischen Sphären. Endlos erschien die Nacht des Vergessens, als in den umgebenden Sphären nicht einmal ein winziger Funke zu sehen war, der dem Herzen, das den Schmerz der ganzen Welt auf sich genommen hatte, hätte Trost spenden können. Die zu Staub zerfallenden Bauten aus irdischer Materie dienten den anspruchslosen Wurzeln als gute Nahrung. Und die Göttin war unendlich dankbar dafür, dass sich auf dieser Welt zumindest ein winziges Plätzchen gefunden hatte, das fortan als Ausgangspunkt ihrer Göttlichen Ströme diente. Und wer nun behauptet, alle hätten die großzügige, herzlich-warme Gabe verachtet und abgelehnt, der versündigt sich an der Wahrheit. Winzige Geschöpfe streckten sich zur herzinnigsten Wärme aus und kosteten den vergossenen Nektar, der die Schwingungen des Lebens in sich trug. Wie wohltuend war die Erkenntnis, dass noch etwas anderes und Wohlschmeckenderes existierte! So streckte sich einer nach dem anderen zum Kelch hin aus, der mit dem Trank der Unsterblichkeit gefüllt war, und auf der Welt nahm eine seltsame Metamorphose ihren Lauf: Wer wenigstens einen Tropfen des Nektars zu sich genommen hatte, begann Licht auszustrahlen und damit die gesamte Umgebung zu erhellen. Und so vermehrten sich die Feuer dieser Welt. Lakshmi offenbarte sich als unsichtbare Sonne der Sonnen, die alle lebendigen Herzen nährte, die sich der Göttlichen Wärme entgegenreckten.

Ihre Aufgabe bestand jedoch darin, das am Tiefpunkt Angelangte zu erhöhen und ihm so dabei zu helfen, den Gipfelpunkt zu erreichen. Die Göttin konnte die Welt erst dann verlassen, wenn die menschlichen Herzen Göttlichen Zustand erreicht hatten und sich so verhielten wie die glühende Sonne.

Mal hier, mal dort leuchteten die Feuer auf, und die Herzen strahlten wie helle Sterne in der Finsternis niederer Sphären. Indem sie das Licht der Welt vermehrten, entstand ein neuer Himmelskörper durch die vereinten Anstrengungen der Herzen, deren Feuer miteinander verschmolzen. Der Planet war nun von sich aus bereit, als Sonne der Sonnen des Weltenalls zu erstrahlen. Welches Wunder kann man vollbringen, wenn es wenigstens ein liebendes Herz gibt, das einen unterstützt! Doch zur Göttin streckten sich nunmehr Millionen von Herzen aus – nicht etwa, um die Ströme des Lebens zu empfangen, sondern um ihr die Gaben des Herzens zu überreichen, die ihr voller Liebe zu Füßen gelegt wurden. Oh Wunder! Es mussten Götter sein, die da emporgestiegen waren – wenn sie tatsächlich ihre herzinnigste Liebe mit anderen teilen wollten. Und wie soll man nun Lakshmi ausfindig machen, wo doch Millionen ähnlicher Herzen entflammt sind und das Licht der Göttlichkeit in sich tragen?! Weshalb sollten Sie überhaupt nach ihr suchen?! Berühren Sie eine beliebige Frau auf der Erde und erkennen Sie, dass sie eine Göttin ist, und dabei eine lupenreine! Die Liebe wirkt nicht nur Wunder – sie erschafft auch lotosfüßige Götter, die wie die Lotosblume der glühenden Liebe sämtliche Blätter ihrer herzinnigsten, Feuer atmenden Knospe entfalten. Doch natürlich können auch Sie Lakshmi selbst ausfindig machen; Lakshmi, die auf die Frage nach ihrer Göttlichen Herkunft nur eine Antwort gibt: „Ich bin nichts als ein armer Erdenwurm! Die Menschen sind die wahren Götter!"

An dieser Stelle unterbrechen wir die Sage von der Lotosblume der glühenden Liebe, die noch ganz am Anfang steht, und laden die irdischen Götter dazu ein, unsere Geschichte durch Schmieden weiterer Verse zu Ehren der Göttin der Liebe zu vervollständigen.

So äußert euch nur, ihr Götter und Erdenmenschen, denn ihr fangt eine neue Geschichte an, die durch die Feuer der Herzen in die Gesetzestafeln der Ewigkeit eingeritzt wird. Von dieser sind bislang erst wenige Zeilen erschienen, doch sie ermöglichen es, mit den Augen der Götter auf die Heldentat der großen Göttin und Mutter der neuen Welt zu blicken, deren Name von den Herzen der Menschen ausgesprochen wird, die die weiße Lotosblume um Liebe anflehen: Lakshmi, die von Mir geliebt wird.

Nehmt den Namen der großen Göttergattin an! Darum bittet euch der Eine Gott aller Götter, den ihr – wenn es euch beliebt – einfach Vishnu preisen könnt.

Danke für die Lektüre dieses Buches!

Wenn es Ihnen gefallen hat, dann schreiben Sie bitte eine kurze Rezension auf der Seite, wo Sie es erworben haben, damit auch andere Menschen davon erfahren können. Vielen Dank!

Wenn Sie als erste/r von der Veröffentlichung neuer Bücher von Zinovya Dushkova auf Deutsch erfahren möchten, so tragen Sie sich bitte hier in unseren Newsletter ein:

www.dushkova.com/de

GLOSSAR

Äon (*griech.* „Ewigkeit“) – ein Zeitraum von immenser Dauer; Welt oder untergeordnete Schicht einer bestimmten Welt, wenn man den Weltenbau als Schnittfläche von den tiefsten physischen bis hin zu den höchsten Göttlichen Welten betrachtet, die jeweils über eine bestimmte Anzahl an Schichten verfügen.

Götter – Geister der höchsten Sphären; Sie stammen aus fernen Welten und haben eine hohe Evolutionsstufe erreicht, die die der Menschen bei Weitem übersteigt, was dazu geführt hat, dass Sie nach menschlichem Verständnis als Götter betrachtet werden. Das bedeutet, dass eine solche Stufe geistiger Errungenschaften auch den Menschen vorherbestimmt ist.

Für die Entwicklung der Menschheit auf dem Planeten Erde sind sieben hohe Geister verantwortlich, die ein menschliches Antlitz angenommen haben, um das Bewusstsein der Menschen zu erhöhen. Bis heute hat jeder dieser sieben großen Lehrmeister eigene Jünger großgezogen, die eine hohe Bewusstseinsstufe erlangt haben, und die Anzahl der Anführer der Menschheit beträgt jetzt 777.

Gott – das Göttliche, unabänderliche, unumstößliche und grenzenlose Prinzip; der ewig unbegreifliche

Ursprung alles Seienden; die überall existente, alles durchdringende, sichtbare und unsichtbare geistige Natur, die allem innewohnt, in der sich alles bewegt, atmet und über ein Dasein verfügt; das Absolute, das das Potential alles Seienden und sämtliche Erscheinungen des Weltalls in sich vereinigt, das bei der Offenbarung aus seiner absoluten Einheit zum Absolut der unbegrenzten Differenzierung und ihrer Folgen wird – sowohl der relativen als auch der entgegengesetzten. Gott hat kein Geschlecht, und man darf Ihn sich nicht als Menschen vorstellen. In den heiligen Schriften ist Gott das Feuer, Gott ist die Liebe – die einzige ursprüngliche Energie, aus der Welten hervorgehen.

Die traditionelle christliche Vorstellung „Gottes" bezieht sich auf den planetarischen Geist oder Demiurg (*griech.* „Schöpfer") – den höchsten Gebieter bzw. Herrscher über den Planeten Erde, der Seine menschliche Evolution durchlaufen hat, eine unfassbar hohe geistige Entwicklungsstufe erreicht hat und nun gemeinsam mit anderen hohen Geistern, welche die Hierarchie des Lichts bilden, für die Schöpfung, den Erhalt und die Verwandlung des Planeten verantwortlich ist.

Der planetarische Geist ist androgyn, weil auf höheren Daseinsebenen keine Trennung anhand des Geschlechts existiert – daher wird das Pronomen „Er" nur deshalb verwendet, weil kein passenderes vorliegt. Er kann Sich in unterschiedlichen Aspekten und Hypostasen offenbaren, u. a. in männlichen und weiblichen in der binären Welt, da Er beide Prinzipien in Sich trägt.

Die für junge Planeten, zu denen etwa die Erde gehört, herrschende Hierarchie des Lichts besteht i. d. R. aus hohen Geistern, die von fernen Welten gekommen sind, wo Sie die Evolutionsphase, die dieser Planet momentan durchläuft, schon lange durchlaufen haben. Erlangt die

Menschheit eines bestimmten Planeten geistige Reife, so wird sie von den aus anderen Welten eingetroffenen Gebietern des Lichts verlassen. Diese hinterlassen an ihrer statt würdige hohe Geister, die ihre Evolution ausschließlich auf diesem Planeten durchlaufen haben.

Aus alten heiligen Schriften wissen wir, dass der Gebieter des Sirius der planetarische Geist der Erde ist. Auch im Koran heißt es, Allah sei der Gebieter des Sirius. Dabei gilt es jedoch zu berücksichtigen, dass der im Alten Testament der Bibel beschriebene Gott nicht der höchste Gebieter der Erde ist, den Christus im Neuen Testament „Vater“ nennt.

Der, Den wir als den einzig Seienden bezeichnen, bildet manchmal gleichzeitig mehrere eigene Hypostasen und individuelle Erscheinungsformen (unter verschiedenen Namen); diejenige, die über einen höheren energetischen Bestandteil verfügt, dient einer anderen in der feststofflichen oder überirdischen Welt in Abhängigkeit von dem einen Ziel, das Seinen „emanierten Formen“ vorgegeben wurde, als Mentor, Lehrmeister und Schutzpatron.

Das Mysterium der Geburt des stellaren Geistes von Sirius auf den höchsten Ebenen der Erde im Leib der Herrlichkeit fand erstmals am 19. Juli 2017 auf dem Planeten statt und ist nicht nur für ihn und unser Sonnensystem von Bedeutung, sondern auch für alle Sternbilder, die von Sirius angeführt und überwacht werden. Dieses Mysterium ist einmalig im derzeitigen großen Evolutionszyklus.

Kelch – das vierte energetische Zentrum, auch Anahata genannt; es befindet sich auf feinstofflicher Ebene im Herzen. Das Herzchakra ist es, in dem die Erinnerungen an alle früheren Leben eines Menschen bewahrt werden, und hier bildet sich ein energetischer Kristall heraus, der als Ringsel bekannt ist. Dieser Kristall leuchtet durch eine besondere Flamme, deren Zungen die aufgerollten Blütenblätter der Lotosblume des Herzens zu bilden scheinen. Insgesamt gibt es zwölf solcher Blütenblätter, doch auf der Erde und im heutigen Sonnensystem können sich nur neun entfalten: drei smaragdgrüne, drei rosafarbene und drei weiße.

Kreis – aus sieben Rassen bestehender Evolutionszyklus. Insgesamt muss es sieben Kreise geben. Die Menschheit des Planeten Erde befindet sich heute im vierten Kreis. Der Begriff des Kreises lässt sich auch auf die Rasse übertragen, da jede Rasse aus sieben Unterrassen besteht, die einen kleinen Kreis oder Ring bilden. Die heutige Ablösung bestimmter Rassen stellt also auch eine Abfolge kleiner Kreise dar.

Lakshmi (*sanskr.* „Glück", „Schönheit", „gutes Zeichen") – Göttin der Liebe, der Schönheit und des Gedeihens im Hinduismus; Gattin des höchsten Gottes Vishnu und Dessen Geliebte in Seinen menschlichen Inkarnationen, wodurch sie ein einheitliches Ganzes mit Ihm bildet. Manchmal wird Lakshmi mit der Weisheitsgöttin Sarasvati gleichgesetzt. Im Gnostischen Christentum und in der esoterischen Philosophie kennt man sie als Sophia, die Braut Christi, als Göttliche Kraft und Weisheit.

In der Bruderschaft der großen Meister wird Lakshmi Schwester Oriola genannt. In einer ihrer menschlichen Inkarnationen vor mehreren Hunderttausend Jahren war sie der ganzen Welt als Sängerin bekannt, deren bezaubernde Stimme die Völker inspirierte. Vor 3000 Jahren war sie Sulamith, die mit ihrem Gesang König Salomon anzog; nach dem tragischen Tod seiner Geliebten widmete Salomon ihr 1005 Lieder, von denen einige ins Hohelied der Bibel aufgenommen wurden.

Vor 2000 Jahren war Schwester Oriola an der Seite Jesu Christi. In der Bibel wird sie als „andere Maria" erwähnt, die zusammen mit Maria Magdalena nach der Auferstehung Christi vor Ort war. Laut der Briefe des Thales von Argos, des großen Geweihten des Heiligtums von Theben, der ebenfalls vor Ort war, „führte die Mutter meines Herrn die bescheidene judäische Frau, hinter deren Schleier mich einst die Augen der Pallas Athene angeblickt hatten, auf Ihn zu", und Jesus Christus stellte sie Thales folgendermaßen vor: „Hier ist meine Tochter, die kommenden Generationen ihre Göttliche Weisheit unter dem Namen Sophia offenbaren wird."

Im Buch „Die Mahatma-Briefe" wird Oriola als ungenannte Schwester des Mahatmas Kuthumi erwähnt, bei der Helena Blavatsky eine Zeit lang in Tibet gelebt hat. Während ihrer Shambhala-Besuche nannte Blavatsky sie Leila – dies war der Name ihrer Inkarnation, die die Grundlage der bekannten arabischen Legende von Leila und Mandschnun, den getrennten Liebenden, bildete.

Laut Helena Roerich sind Johanna von Orléans und die Heilige Teresa von Avila Inkarnationen von Schwester Oriola, während sie im Buddhismus als Grüne Tara dargestellt wird.

Maya (*sanskr.* „Illusion") – illusorische und vergängliche Natur der irdischen Realität und des irdischen Daseins.

Mutter der Welt – der größte Geist des weiblichen Prinzips, der an der Spitze der Hierarchie des Lichts steht. Sie wird in vielen Religionen der Welt als höchste Göttin personifiziert. Die Mutter der Welt ist als Maria zu Fleisch geworden, um Jesus Christus das Leben zu schenken. Daraufhin ist Sie über einen Zeitraum von 2000 Jahren in Form Ihrer Tochter-Hypostasen Glaube, Hoffnung und Liebe erschienen, die einander ständig abgelöst und diese Welt niemals alleine zurückgelassen haben.

Rasse – Evolutionsphase der Menschheit. Insgesamt muss es sieben Rassen geben, die jeweils eine bestimmte Seite oder Eigenschaft im Menschen entwickeln, indem sie die den Leib umhüllende Materie fester oder feiner werden lassen. Der Großteil der heutigen Menschheit gehört der fünften Rasse und damit einer Entwicklungsphase an, die vor etwa einer Million Jahren begonnen hat. Momentan findet der Übergang zur nächsten, stärker geistig geprägten sechsten Rasse statt.

Die Zugehörigkeit zu einer bestimmten Rasse lässt sich vor allem am Niveau der Geistlichkeit bzw. am Leuchtkoeffizienten des Herzens bestimmen – dieser wird Argo genannt.

Schwellenwächter – Personifizierung des inneren negativen Wesens des Menschen, das sich im Laufe seiner zahlreichen Leben herausgebildet hat und auf das sein Geist vor dem Eintritt in die höchste Welt treffen muss. Alle Schwächen, Laster und Unzulänglichkeiten des Menschen, die sich in ihm auf der Erde entwickelt haben, werden um ein Vielfaches verstärkt. Sie nehmen sichtbare, äußerst attraktive und verführerische Formen an, um sein Bewusstsein so stark abzulenken und zu vereinnahmen, dass er weder die Kraft noch den Wunsch hat, die Schwelle zur höchsten Welt zu übertreten und in den tiefen Schichten des Raumes verbleibt.

Deshalb ist es erforderlich, sich durch Überwindung sämtlicher eigenen Unzulänglichkeiten schon während des Aufenthalts im physischen Körper auf der Erde auf das Treffen mit den Schwellenwächtern vorzubereiten. Die Versuchung durch Schwellenwächter, die sowohl als eigene als auch als fremde Produkte erscheinen, steht schon in der materiellen Welt jedem bevor, der sich dazu entschlossen hat, den Pfad der Lehrjahre einzuschlagen.

Shiva (*sanskr.* „gütig", „barmherzig") – die dritte Gestalt der hinduistischen Trinität (Trimurti); Hypostase des planetarischen Geistes. Durch Sein Wesen als Zerstörer steht Er über Vishnu, dem Bewahrer, denn Er zerstört nur, um auf höherer Ebene neu zu erschaffen.

Im heutigen Sonnensystem kann sich der Strahl Shivas – der erste Strahl des Willens und der Macht – nicht vollständig entwickeln, da er eine zerstörerische Form annimmt, wenn die Anzahl liebender und reiner Herzen nicht ausreichend groß ist. Um diesen Strahl aufzunehmen, ist es zunächst erforderlich, sich den Strahl Vishnus anzueignen – den zweiten Strahl der Liebe und Weisheit. Die Erscheinungsform des ersten Strahls im heutigen Sonnensystem bildet der siebte Strahl – der Strahl der Verwandlung, dessen Gebieter Meister Racoczi ist, der auch als Saint Germain bekannt ist.

Tara (*sanskr.* „Erlöserin", „Stern") – Mutter aller Buddhas im Buddhismus, die Verkörperung grenzenloser Barmherzigkeit und Weisheit. Sie tritt in Göttlichen Formen bzw. Hypostasen in Erscheinung. Im Buddhismus unterscheidet man insgesamt 21 Taras; am bekanntesten sind die Weiße Tara, die Grüne Tara und die Gelbe Tara. Sie sind die Schwestern der Bruderschaft der großen Meister, und ihr Name geht auf die Farbe ihrer Strahlen zurück, mit denen sie der Welt hilfreich zur Seite stehen.

Triade – die drei höchsten Leiber der siebenfältigen Struktur des Menschen: der höchste Verstand, die Seele und der Geist.

Vierheit – die vier tiefsten Leiber der siebenfältigen Struktur des Menschen: der physische Körper, der Ätherleib (der tiefste Astralleib), die energetische Hülle und der emotional-mentale Leib (der höchste Astralleib).

Vishnu (*sanskr.* „alles durchdringen") – zweite Hypostase der hinduistischen Trinität (Trimurti) aus Brahma, Vishnu und Shiva; Hypostase des planetarischen Geistes, der in der Theosophie mit Meister M. assoziiert wird.

Der Messias aller Völker und Zeiten, wie Rama, Krishna, Zarathustra, Buddha, Christus und Maitreya, stellt einen Avatar oder eine Inkarnation Vishnus dar.

Yin und Yang (*chin.* „dunkel und hell") – Konzeption in der alten chinesischen Philosophie, die die Wechselwirkung zweier entgegengesetzter und sich gegenseitig ergänzender Prinzipien bezeichnet, aus denen das gesamte Weltall besteht.

Zarathustra oder **Zoroaster** (*avest.* „goldener leuchtender Stern", „goldener Sirius") – Gründer des Zoroastrismus und Prophet; eine der auf der Erde erschienenen Hypostasen des Gebieters von Sirius. Ihm wurde die Offenbarung des Ahura Mazda, des Schöpfers, in Form der heiligen Schrift Avesta in der Sprache Zend zuteil, die stark mit der Sprache Senzar verwandt ist.

Im Zoroastrismus wird Sirius, der Tishtrya genannt wird, besondere Verehrung zuteil; er „wurde von Ahura als Anführer und Aufseher aller übrigen Sterne geschaffen, so etwa den Menschen als Zarathushtra". Der Menschheit wurden lediglich 13 Inkarnationen Zarathustras offenbart, und in jeder von ihnen wurde eine heilige Schrift ausgegeben, die im Laufe der Zeit verloren ging, was die Entwicklung einer neuen Windung geheimen Wissens erforderlich machte.

ÜBER DIE AUTORIN

Zinovya **Dushkova** hat einen Doktortitel in Philosophie und ist eine russische Schriftstellerin, Dichterin, Philosophin, Historikerin und Globetrotterin. 2020 wurde sie als erste Frau aus Russland und den früheren Sowjetrepubliken in die von der britischen Zeitschrift „Watkins Mind Body Spirit" erstellte Liste der 100 spirituell einflussreichsten Menschen der Welt aufgenommen – neben dem XIV. Dalai-Lama und Papst Franziskus. Zudem ist sie die einzige in Russland lebende Autorin, deren ins Englische übersetzte Bücher mit Medaillen der renommierten US-amerikanischen Nautilus Book Awards ausgezeichnet wurden, zu deren Preisträgern bekannte Autoren wie Eckhart Tolle und Deepak Chopra gehören.

Außerdem wurde Zinovya Dushkova für ihre Beiträge zur geistigen Entwicklung der Gesellschaft und für ihre Verdienste auf dem Gebiet der wissenschaftlichen Erforschung der Bewusstseinsökologie mit mehreren weiteren Auszeichnungen, Diplomen und Würdigungen belohnt und ist ordentliches Mitglied der Europäischen Akademie der Naturwissenschaften und der Europäischen Wissenschaftlichen Gesellschaft in Deutschland.

Zinovya Dushkovas Interesse an der Geschichte der Weltreligionen und der Philosophie und ihr Wunsch, den eigenen vorherbestimmten Lebensweg zu erkennen und umzusetzen, brachte sie mit der Weisheit herausragender Philosophen und Denker und schließlich mit den Werken Helena Blavatskys und des Ehepaars Roerich in Berührung, die ihr Leben von Grund auf veränderten. Wie es in den fernöstlichen Lehren heißt – „Ist der Schüler bereit, so kommt der Lehrer zu ihm" –, so kam 1992 auch ihr Lehrmeister zu ihr. Nach einer dreijährigen, von schweren Prüfungen gekennzeichneten Ausbildung fand 1995 ihre erste Reise nach Indien ins Land der alten Lehren statt. Dort, im buddhistischen Kloster Ghum am Fuße des heiligen Himalaya, wo Helena Blavatsky 1882 und Helena Roerich 1923 ihren Lehrmeister M. getroffen hatten, nahm auch der Weg Zinovya Dushkovas seinen Anfang.

Geheime Pfade, die in die Tiefe des Himalaya und der blauen Nilgiri-Berge in Richtung des Kangchendzönga, Kailash und Mount Everest führten, brachten sie zu jenen Heimstätten des Lichts, die einen Ruf aussandten. Wie ein Mönch und Einsiedler erhielt ihre Seele Zugang zu den verborgenen Seiten des Lebens aus archaischen Manuskripten, die in den entlegensten Ecken von Sikkim, Ladakh und anderen unerforschten Orten Indiens, Tibets, Nepals, der Mongolei und weiterer asiatischer, afrikanischer, europäischer und amerikanischer Länder aufbewahrt wurden. So erhielt sie Einblick in das geheime „Buch des Dzyan", dessen Strophen Helena Blavatsky erstmals für die Öffentlichkeit zugänglich gemacht hatte und die die Grundlage ihres Buches „Die Geheimlehre“ bildeten.

Auf diese Art widmete Zinovya Dushkova mehr als 30 Jahre ihres Lebens der Erforschung und Aneignung verborgener esoterischer Weisheit, die sie nun auf den Seiten ihrer Bücher an ihre Leser weitergibt. Aus ihrer Feder stammen etwa 60 spirituelle Bücher, die auf ihren Reisen durch den Himalaya, das Karakorum-Gebirge, die Wüste Gobi, die Pyrenäen und andere Ecken unseres Planeten entstanden sind. Darin kommt eine Synthese aus Wissenschaft, Religion, Geschichte und Philosophie zum Ausdruck, und ihre Lyrik und Prosa, ihre Märchen und Legenden beinhalten eine weise Weltanschauung und das kulturelle Erbe von Ost und West.

Die Veröffentlichung von Zinovya Dushkovas Hauptwerk „Uchenie serdza“ (*engl.* „The Teaching of the Heart“) auf Russisch löste in Russland, der Ukraine und Kasachstan sofort eine ganze Welle gesellschaftlicher Bewegung aus, deren Ziel in der Entwicklung von Kultur, Wissenschaft und Bildung bestand.

Die Pädagogen und Psychologen vieler Länder betonen die positive psychotherapeutische Wirkung ihrer Kinder- und Jugendbücher. So schickte der französische Verlag Nathan 2006 das Kinderbuch „Le Beau Soleil et autres contes“ ins Rennen um den Leserpreis der Lehrerzeitschrift JDI (Journal des Instituteurs); in der Folge erschien eine positive Rezension zu diesen Märchen, worin ihre Verwendung im Schulunterricht empfohlen wurde.

In den USA, Großbritannien und Kanada wurden die Bücher „The Book of Secret Wisdom“ und „The Secret Book of Dzyan“ zu Bestsellern beim größten Internet-Versandhändler Amazon. In den Jahren 2017 und 2021 wurden die englischsprachigen Ausgaben des ersten Buchs „The Teaching of the Heart“ und des Buchs „The

Ascending Goddess" mit der Silbermedaille der Nautilus Book Awards in den USA ausgezeichnet.

Hoffnung dort zu erwecken, wo sie gestorben ist; Liebe dort zu entzünden, wo sie erloschen ist; und durch Leben dort zu bezaubern, wo sein Sinn abhandengekommen ist – dies ist die wesentliche Aufgabe, die sich Zinovya Dushkova in ihrem Werk gestellt hat.

Homepage:
www.dushkova.com/de

Facebook-Seite:
www.facebook.com/ZinovyaDushkova

ÜBER DEN ÜBERSETZER

Markus Maneljuk, Jahrgang 1982, hat in Tübingen Slavistik, Romanistik und BWL studiert. Nach einem einjährigen Gaststudium in Sankt Petersburg und zwei Jahren als Lehrkraft im Fach Deutsch als Fremdsprache im russischen Jekaterinburg übersetzt er nun seit mehr als zehn Jahren aus dem Russischen und Englischen ins Deutsche – vor allem schöngeistige Literatur, Sachbücher und medizinische Fachtexte. Er ist Initiator des Übersetzernetzwerks „die TÜbersetzer" und Mitglied im VdÜ, dem professionellen Verband für Literaturübersetzer in Deutschland.

Homepage:
www.tuebersetzer.de

Printed in Poland
by Amazon Fulfillment
Poland Sp. z o.o., Wrocław

87263539R00074